D1729369

Schriftenreihe „Operational Excellence"

Herausgegeben von Prof. Dr. Constantin May, Hochschule Ansbach

**Moderation und Begleitung
kontinuierlicher Verbesserung**
Ein Handbuch für KVP-Moderatoren

von
Richard Glahn

3., unveränderte Auflage

CETPM Publishing, Herrieden

ISBN: 9-783940-775-07-8
Copyright ©2018
CETPM GmbH, Institut an der Hochschule Ansbach, Schernberg 34, 91567 Herrieden
Tel.: +49 (0) 9825 20 38 – 100, http://www.cetpm-publishing.de

Grafikdesign: Dr. Richard Glahn
Druckaufbereitung: Rainer Imschloß
Grafik Titelseite: © ristaumedia.de - Fotolia.com
Druck und Bindung: SOMMER media GmbH & Co. KG, Feuchtwangen

Inhaltsverzeichnis

Führen bedeutet: Andere zum Erfolg führen.

1 Warum ein Buch zu diesem speziellen Thema?

Eine berechtigte Frage, denn zum Thema Moderation gibt es schon zahlreiche Bücher und zum Thema KVP mindestens ebenso viele. Die Literatur zum Thema Moderation fokussiert in der Regel Fragen der Moderationstechniken sowie der Vorbereitung, Durchführung und Nachbereitung von Workshops bzw. Besprechungen – meist jedoch sehr allgemein und ohne besonderen Fokus auf KVP. In der gängigen KVP-Literatur wiederum wird vornehmlich jeweils eine bestimmte Methode vermittelt – mal mit Fokus auf punktueller Verbesserung, mal mit Fokus auf der Optimierung ausgewählter Prozesse und mal mit systemischem Blick und dem Ziel, das gesamte Unternehmen zu verbessern. Die wesentlichen sozialen Aspekte eines Prozesses kontinuierlicher Verbesserung bleiben in den meisten dieser Bücher jedoch unberücksichtigt.

Zwei wesentliche Erfolgsfaktoren

Daher möchte ich mit dem vorliegenden Buch den Fokus auf das Moderieren und Begleiten von Prozessen kontinuierlicher Verbesserung legen. Deutlich wird dabei, dass organisatorische und methodische Grundlagen zwar unerlässlich sind, letztlich aber zwei andere Fragen darüber entscheiden, ob ein Prozess kontinuierlicher Verbesserung zum Erfolg oder zum Misserfolg wird: Zum einen ist dies die Frage nach den sozialen Fähigkeiten des KVP-Moderators, dem es durch seine Moderationsleistung gelingen muss, Mitarbeiter dafür zu gewinnen, sich aktiv und wiederholt in Verbesserungsaktivitäten einzubringen. Und zum anderen ist dies die grundlegende Frage, wie einem Prozess kontinuierlicher Verbesserung auf politischer Ebene der Weg bereitet wird, denn erst wenn neben der Geschäftsleitung auch die mittleren Führungskräfte für eine Unterstützung gewonnen sind, kann ein Programm kontinuierlicher Verbesserung zum Erfolg werden.

Der Aufbau des Buches: Zuerst die „politischen" Fragen

Damit ergibt sich der folgende Aufbau des Buches: Beginnen werde ich mit den politischen Fragen, die am Anfang jedes Prozesses kontinuierlicher Verbesserung stehen. In der Regel ist als erstes mit der Geschäftsleitung der „Auftrag" zu klären, was mit KVP erreicht werden soll. Wenn die grobe Richtung mit der Geschäftsleitung vereinbart ist, folgt die grundlegende und schwierige Aufgabe, die der Geschäftsleitung nachgeordneten Führungskräfte für das Thema „Kontinuierliche Verbesserung" zu gewinnen. Beides möchte ich exemplarisch an der Aufgabe herausarbeiten, KVP von der Firmenzentrale an andere Standorte bzw. in Tochtergesellschaften zu tragen. Vor genau dieser Herausforderung stehen KVP'ler nämlich oft, wenn sie in der Firmenzentrale erste solide Erfolge erzielt haben.

Der KVP-Work-shop

Aufbauend auf der politischen Wegbereitung finden dann üblicherweise erste KVP-Workshops statt. So folgt auch im Rahmen dieses Buches als nächstes die Diskussion der Rolle des KVP-Moderators während der Workshops, die Klärung organisatorischer Fragen der Vorbereitung, Durchführung und Nachbereitung von KVP-Workshops sowie die Darstellung einer Auswahl bewährter Moderationstechniken bzw. Problemlösungsmethoden[1].

Die „weichen" Aspekte

Ganz besonders möchte ich schließlich Grundlagen der klinischen Psychologie vermitteln, ebenso Grundlagen der Kommunikations- und der Gruppenpsychologie. Auch Einblicke in das Thema Körpersprache werden gegeben. Im Rahmen von KVP-Workshops gilt es, passend auf jeden einzelnen Teilnehmer einzugehen und ihn im Rahmen der Diskussionen an der Lösungsfindung so zu beteiligen, dass er am Ende auch wirklich motiviert ist, die Lösung dauerhaft mitzutragen. Dabei hilft es erfahrungsgemäß, wenn man auf die Menschen einzugehen vermag, weil man ihre Handlungsmotive versteht und weil man die soziale Situation innerhalb des Workshops realistisch einschätzen kann. Der Einsatz dieser Fähigkeiten trägt nicht nur zum Erarbeiten exzellenter Lösungen bei, sondern auch zum Erzielen von Nachhaltigkeit – einem vielbeschworenen KVP-Ziel unserer Tage. Oft wird versucht, Nachhaltigkeit durch den intensiven Einsatz von Kennzahlen und entsprechenden Controlling-Prozessen zu erzeugen. Jedoch entsteht Nachhaltigkeit allem Anschein nach wesentlich stärker dadurch, dass diejenigen, die nach der Ausarbeitung und Umsetzung einer Veränderung in ihrem Arbeitsalltag mit dieser Veränderung leben müssen, davon über-

---

1   Dazu sei angemerkt, dass im Rahmen kontinuierlicher Verbesserung längst nicht alles benötigt wird, was zu diesem Themenkreis in der Literatur verfügbar ist. Für die Vielfalt von Moderationstechniken möchte ich auf die erfolgreichen Publikationen von Josef Seifert verweisen und mich im Rahmen dieses Buches lediglich den Aspekten widmen, die meiner Erfahrung nach im Rahmen von KVP wirklich benötigt werden – kompakt und „lean" aufbereitet.

zeugt sind, dass die gemeinsam erarbeitete Lösung die richtige und bestmögliche ist. Um dies zu erreichen, sind professionell moderierte KVP-Workshops ein guter Weg. Dafür passende Unterstützung zu bieten, ist das Hauptanliegen dieses Buches.

Weiterführende Themen

Im letzten Kapitel werden dann noch ein paar Anregungen zum Nachdenken geboten, insbesondere zum Messen von KVP-Erfolgen sowie zu den Zusammenhängen verschiedener Erfolgsfaktoren.

KVP-Arbeit ist demnach unterm Strich eine Mischung aus einerseits Methoden, guter Vorbereitung, Durchführung und Nachbereitung von Workshops und andererseits der soliden Fähigkeit, die Motive aller Mitspieler – Mitarbeiter und Führungskräfte – zu verstehen und zu berücksichtigen. Ein früherer Mitarbeiter von mir ging einmal so weit zu sagen, dieses Zusammenspiel zu beherrschen sei eine Kunst. Ein KVP-Moderator in einem Kundenunternehmen bemerkte nach zwei Jahren Erfahrung mit dem Thema, es ginge bei erfolgreicher Workshop-Moderation wohl viel darum, Menschen „lesen" zu können. Beide Aussagen machen auf ihre Weise deutlich, dass es eben nicht nur um KVP-Methoden, Workshop-Strukturierung und Umsetzungscontrolling geht, sondern dass die methodischen Komponenten von KVP um die hier schwerpunktmäßig vermittelten weichen und zum Teil auch politischen Inhalte ergänzt werden sollten, damit KVP-Ziele letztlich so einfach und reibungsfrei wie möglich erreicht werden können.

2   Grundlagen

2.1   Wegbereitung für KVP, Aufgaben eines KVP-Moderators

2.1.1   Bin ich als KVP'ler eigentlich Moderator oder Berater?

Verdeutlichung anhand eines Beispiels

Fangen wir einmal ganz am Anfang an, beispielsweise wenn Sie das Thema KVP als erfahrener KVP'ler an einem weiteren Standort implementieren sollen, an dem es noch keinen Prozess kontinuierlicher Verbesserung gibt. Unter dieser Voraussetzung kann es schon einmal vorkommen, dass die Rolle des Moderators anfänglich etwas unscharf wird und Sie sich auf einmal in der Rolle eines externen Beraters wiederfinden – mit allen Chancen und Risiken, die damit verbunden sind.

Sehen wir uns zunächst einmal die Chancen an: Sie haben vermutlich Freiheiten, die Sie an Ihrem Heimatstandort nicht hatten. Auch gelten Sie nicht als „Prophet im eigenen Hause", es ist ja nicht mehr Ihr Haus. Man wird Ihren Erfahrungen hohen Wert beimessen, denn die Erfahrungen wurden in derselben Branche gesammelt. Und zudem können Sie mit Ihrer Vorgehensweise Erfolge vorweisen – sonst hätte man Sie wohl nicht entsandt, genau diesen Weg kontinuierlicher Verbesserung an einem weiteren Standort einzuführen. Es spricht also viel für Sie!

Und weil so viel für Sie spricht, sind die Erwartungen hoch. Der Weg, diesen Erwartungen gerecht zu werden, ist Souveränität. Was ich unter souveränem Auftreten verstehe, wird im Kapitel über Körpersprache deutlich. An dieser Stelle möchte ich zeigen, wie ich empfehle, fachlich-souverän mit dieser Situation umzugehen, in der ich viele Male als leitender KVP-Moderator eines Konzerns gewesen bin. Als erstes stelle ich dem Firmenlenker bzw. Standortleiter zwei Fragen:

Zwei Weg weisende Fragen

1. Was muss sich aus Ihrer Sicht ändern, damit es dem Unternehmen (noch) besser geht?

2. Was darf sich in diesem Unternehmen niemals ändern?

Diese Fragen stelle ich gemeinhin nach einer ersten kurzen Begehung des Unternehmens, mit der sich der geübte KVP'ler einen soliden Überblick darüber verschaffen kann, wo das Unternehmen prozessmäßig steht (vgl. Kapitel 2.1.3). Die Antwort auf die erste Frage ist mein Auftrag. Damit sagt mir der Unternehmenslenker, was er gerne geändert haben möchte. Auch zeigt mir die Antwort, ob er einen Bezug zu der Prozesswirklichkeit seines Unternehmens hat. Typische Antworten sind: „Die Liefertreue muss sich erhöhen", „Die Durchlaufzeit muss gesenkt werden", „Wir müssen Bürokratie abbauen und uns verstärkt auf den Kunden ausrichten", „Die Effizienz der Arbeitsschritte muss erhöht werden", „Die Arbeitsschritte müssen besser aufeinander abgestimmt werden".

Die Antwort auf die erste Frage ist mein Auftrag

Mit der Antwort auf die zweite Frage wird nicht nur genannt, woran nicht gerüttelt werden darf. Mit der Antwort auf diese Frage werden dem KVP'ler meist auch wertvolle, unterstützende Anhaltspunkte für seine Arbeit gegeben. Typische Äußerungen sind: „Die Menschen hier gehen über alle Hierarchieebenen sehr offen miteinander um" oder „Unsere marktstrategische Ausrichtung hat zu einem besseren Verständnis geführt, wer unsere Kunden sind und was sie von uns wollen" oder „Unsere Mitarbeiter identifizieren sich sehr mit dem Unternehmen".

Die Antwort auf die zweite Frage gibt mir wertvolle Anhaltspunkte

Gibt es solche positiven Ausgangsfaktoren, können diese den Start eines Prozesses kontinuierlicher Verbesserung enorm begünstigen. Wichtig ist, in diesem ersten Gespräch nicht die Gelegenheit zu verpassen, nach mehr Details sowie nach der Entstehungsgeschichte dieser Faktoren zu fragen. So lernt man das Unternehmen kennen.

„Ja, ist das denn meine Aufgabe als KVP-Moderator, so an das Thema KVP heranzugehen? Ich bin doch kein Berater." Ich würde sagen: Doch. In den Augen des Standortleiters oder Leiters der Tochtergesellschaft sind Sie genau das: sein Berater zum Thema KVP.

Meine Aufgabe: Interner KVP-Berater

Mit dieser Herangehensweise lernen Sie ja nicht nur etwas für Ihre KVP-Arbeit; Sie öffnen sich auch Tür und Tor, denn Sie signalisieren, dass Sie nicht ein Konzept der Konzern-Zentrale oder der Muttergesellschaft einfach überstülpen wollen, sondern dass

Sie bereit sind, innerhalb eines bestimmten Rahmens standort- oder unternehmensspezifische Abweichungen zuzulassen. Damit rechnen viele Standortfürsten nicht und sind Ihnen daher wohl gesonnen.

Selbst, wenn Sie nicht an einen anderen Standort gehen und das Thema „nur" an Ihrem Heimatstandort ausrollen sollen, empfiehlt es sich, im Vorfeld ein persönliches Gespräch dieser Art mit jedem Geschäftsbereichsleiter zu führen, möglicherweise auch mit allen Bereichsleitern auf einmal. Ersteres würde ich in einem Unternehmen tun, in dem die Unternehmensleitung stark auf Delegation setzt, den zweiten Weg würde ich beschreiten, wenn eine Kultur der Konsensbildung vorherrscht.

2.1.2 Wer darf hier was?

Damit kommen wir zu einer dritten Frage, die mir als Moderator im Vorfeld wertvolle Einblicke in das soziale Gefüge gibt, das es zu verändern gilt, der Frage nach der Delegation:

Die dritte Frage   Auf welcher Ebene dürfen hier Mitarbeiter Entscheidungen treffen?

Diese Frage hat sicher einen sehr generellen Charakter, der eine rasche Beantwortung unmöglich macht. Die Frage soll auch nicht einfach so beantwortet werden, sondern vielmehr Auftakt zu einer kleinen Diskussion zum Thema Delegation und Eigenverantwortung sein. Im Rahmen dieser Diskussion erfahren Sie, wie viel Eigeninitiative Sie in den Workshops von den Teilnehmern erwarten dürfen und bei welchen Fragen Sie die Diskussion bzw. die Entscheidung auf den Zeitpunkt vertagen müssen, wenn Führungskräfte anwesend sind, zum Beispiel eine Abschlusspräsentation.

Und als hausinterner KVP-Moderator bzw. -Berater sollten Sie es nun nicht versäumen, diese drei Fragen noch einmal gesondert mit dem Betriebsrat zu diskutieren. Dabei wird das bislang erworbene Bild nicht nur bestätigt oder relativiert; sie gewinnen auch ein erstes Stück Vertrauen der Belegschaftsvertreter, die dem Thema Veränderung ja nicht selten skeptisch gegenüberstehen.

2.1.3 Führungskräfte des mittleren Managements: Die Instanz für späteren Erfolg

Nun scheint der Weg für KVP-Aktivitäten bereitet zu sein. Bevor jedoch die ersten Aktionen laufen können, gilt es, alle Führungskräfte des Unternehmens ins Boot zu holen – und dabei betone ich ALLE. Ja, es ist eine Illusion, anzunehmen, Sie könnten wirklich alle gewinnen. Aber den Versuch ist es wert, denn mit dieser Gruppe entscheidet es sich, ob Sie KVP in diesem Unternehmen zu einem Erfolg führen können oder nicht.

Eintägige Auftaktveranstaltung

Um das Gros der Führungskräfte zu gewinnen, empfiehlt sich eine eintägige Veranstaltung, auf der Sie zunächst das Konzept darstellen, das Sie basierend auf Ihrem Gespräch mit der Unternehmensleitung bzw. der Standortleitung erstellt und mit selbiger vor dieser Veranstaltung abgestimmt haben. Auch wenn die Vermittlung des KVP-Konzepts, untermalt mit vielen guten Beispielen zu den einzelnen Konzept-Bausteinen möglicherweise den Hauptteil des Tages einnimmt, so ist der wichtigste Teil dieser Veranstaltung das Durchlaufen zweier Übungen, die ich im Folgenden kurz beschreiben und Ihnen damit empfehlen möchte.

Zwei Übungen

Erste Übung

45 Minuten lang beobachten

Man stelle jedem Teilnehmer der Veranstaltung einen DIN-A4-Block und einen Stift zur Verfügung, mit der Bitte sich 45 Minuten lang irgendwo im Unternehmen in ein Büro oder einen Produktionsbereich zu stellen und Verbesserungspotenziale zu notieren – und den beiden Auflagen, dass es sich dabei nicht um den eigenen Bereich handeln darf und dass sie sich nicht von der Stelle rühren dürfen. Das Ziel ist, dass die Teilnehmer das Verbesserungspotenzial von Arbeitsabläufen selbst sehen – und oft dauert es eine ganze Weile, bis man Verbesserungspotenziale wahrnimmt.

In Büros kann man beobachten, wie Mitarbeiter anderer Bereiche kommen und Fragen stellen. Man wird Zeuge von Telefonanrufen und Weiterverbindungen. Man wird sehen, wie viele Wege zu Fax- und Kopiergeräten zurückgelegt werden. Man wird sehen, wie Mitarbeiter sich auf der Suche nach für ihren nächsten Arbeitsgang wichtigen Informationen durch Stapel von Papier, Massen von E-Mails sowie durch PC-Dateistrukturen und konventionelle Ordnerablagen „hindurchkämpfen". Und und und.

Auch in Produktionsbereichen wird man Zeuge von Suchaktionen, dort nach Material und Werkzeug. Auch wird man sehen, wie Material – unter Umständen über lange Distanzen – von einem Ort an einen anderen transportiert wird, möglicherweise auch, wie Material aus dem Weg geräumt werden muss, damit auf anderes Material zugegriffen werden kann. Und dies alles womöglich während eine Maschine still steht, von der man später herausfindet, dass sie in diesem Produktionsbereich ein Engpass ist und zur Erhöhung des Durchsatzes eigentlich optimal ausgelastet sein sollte.

Das für mich persönlich schönste Aha-Erlebnis habe ich in einem Maschinenbauunternehmen erlebt. Im Rahmen einer solchen Schulung für die Führungskräfte sollte jede Führungskraft, wie oben beschrieben, in einer ihr fremden Abteilung Stellung beziehen und beobachten sowie Notizen davon machen, was aus ihrer Sicht besser gemacht werden könnte. Ein Geschäftsbereichsleiter ging in die Buchhaltung. Nach 20 Minuten kam ich dort vorbei und er, der dort auf einem freien Schreibtisch saß, fragte, ob es noch Sinn mache, weiter dort zu bleiben. Er hatte bislang nichts gesehen und ging davon aus, dass dies auch so bleiben würde. Selbstverständlich sollte er die Übung zu Ende führen. Nach weiteren 25 Minuten waren alle Führungskräfte zurück im Schulungsraum, um sich über ihre Erfahrungen auszutauschen – außer der Geschäftsbereichsleiter, der in der Buchhaltung saß. Als ich in die Buchhaltung kam, um ihn abzuholen, strahlte mir ein völlig veränderter Manager entgegen: „Das ist ja Wahnsinn. Seit 20 Minuten sehe ich auf einmal, was hier passiert!" Der Zettel war voll von Notizen.

„Auf einmal sehe ich, was hier passiert."

Immer wenn jemand den Telefonhörer in die Hand nimmt, um zu fragen: Wo finde ich ...?, Wer hat denn ...?, Wann bekomme ich ...? bedeutet dies, dass der Prozess fehlerhaft ist, denn die benötigte Information liegt nicht vor. Immer wenn ein Mitarbeiter sich Material oder Werkzeug holen muss, um weiterarbeiten zu können, ist der Prozess fehlerhaft, denn das benötige Material oder Hilfsmittel liegt nicht vor. Und so weiter, und so weiter.

Der große Aha-Effekt kommt dann, wenn man allen Teilnehmern dieser Übung nach einer gemeinsamen Reflektion der gefundenen Potenziale, die in der Regel üppig sind, vor Augen führt, dass sie gerade nicht eine halbe Arbeitswoche beschrieben haben, sondern alle dieselben 45 Minuten. An dieser Stelle sage ich dann gerne: „Stellen Sie sich mal vor, wir wären nicht mit 25 Leuten da raus gegangen, sondern mit 100. Und stellen Sie sich mal vor, wir hätten nicht 45 Minuten beobachtet, sondern einen ganzen Tag oder gar eine ganze Woche. Was wir alles gesehen hätten!" Danach stellt keine Führungskraft mehr die Frage, ob ein Prozess kontinuierlicher Verbesserung sinnvoll ist. Sicher, nicht jeder wird ihn mit Begeisterung unterstützen, aber für die Anfangsphase haben Sie es zumindest mal erreicht, dass keiner mehr aktiv im Weg steht.

Bei dieser Übung zwei Dinge beachten

Wenn Sie, liebe Leserin, lieber Leser, sich dazu entscheiden, diese Übung durchzuführen, sollten Sie zwei Dinge beachten: Erstens sollte man vor einem solchen Schulungselement eine interne Mitteilung an alle Mitarbeiter verschicken, dass es sich hierbei um eine reine Schulungsmaßnahme handelt. Falls man dies vergisst, wird man sehr viel Misstrauen gegenüber späteren Verbesserungsaktivitäten ernten – niemand lässt sich gerne einfach so beobachten. Und zweitens sollte man den Teilnehmern deutlich machen, dass die so gewonnen Erkenntnisse ausschließlich dazu dienen, ihnen selbst die Augen für Verbesserungspotenziale zu öffnen – daher auch die Auflage, dass niemand seinen eigenen Bereich beobachten darf. Die so gewonnenen Detailkenntnisse über einzelne Prozesse sollten auf keinen Fall direkt in Maßnahmen münden, denn es schadet dem Gesamtprozess, wenn Verbesserungspotenzial von „außen" oder „oben" benannt wird. Impulse sollten überwiegend von den Mitarbeitern selbst kommen. Ich werde beim Workshop-Setting darauf zurückkommen.

Irgendwann auf einer solchen Schulungsveranstaltung für Führungskräfte, meist im Zusammenhang mit der eben beschriebenen Übung und der damit verbundenen Einsicht, dass ein Prozess kontinuierlicher Verbesserung nicht nur sinnvoll, sondern auch notwendig ist, kommt die Killer-Phrase: „Aber wo soll ich denn die Zeit dafür hernehmen. Wir sind doch ohnehin schon bis zum Anschlag ausgelastet."

Woher die Zeit nehmen für KVP?

Als Antwort schlage ich vor, am Flip-Chart ein zu der folgenden Geschichte passendes Bild zu zeichnen und die Führungskräfte dabei mit einem Schmunzeln anzusprechen: Stellen Sie sich vor, Sie sind Hühnerzüchter. Ihre Aufgabe besteht darin, Ihre Hühner zu füttern, zum Markt zu bringen und dort zu verkaufen. Ihre Hühner befinden sich in einem abgezäunten Gehege. Nun kommen Sie eines morgens zu Ihrem Gehege und möchten Ihre Hühner füttern. Und Sie stellen fest, dass ein Teil – sogar ein großer Teil – Ihrer Hühner über Nacht durch Löcher im Zaun aus dem Gehege ins Freie gekommen ist, so wie gestern, vorgestern und die Tage davor auch. Wie üblich sind alle freien Hühner noch irgendwie greifbar. Also beginnen Sie damit, wie jeden Tag, Ihre Hühner wieder einzufangen, um sich so beim Füttern Arbeit zu sparen, denn Sie möchten das Füttern nicht mehrfach durchführen. Am Ende des Tages schaffen Sie es dann tatsächlich, ein paar Hühner zum Markt zu bringen und dort zu verkaufen.

Übertragen auf die Arbeitswelt heißt das, dass Sie erst Informationen beziehungsweise Material zusammentragen, bevor Sie damit arbeiten und letztlich das Ergebnis dem Kunden liefern können. Die Frage ist nun, was wichtiger ist: Hühner fangen oder Zaun reparieren? Oder mit anderen Worten: versuchen, den (internen oder externen) Kunden im Einzelfall zufrieden zu stellen, oder den Prozess so zu verbessern, dass keine Informationen und keine Materialien und Hilfsmittel mehr „gefangen" werden müssen und der Kunde stets zufrieden gestellt werden kann?

Ohne KVP ändert sich nichts am Prozess

Die Antwort ist einfach: Beides ist wichtig. Sicher müssen die „Hühner" in jedem Einzelfall eingefangen werden (die Informationen und das Material zusammengetragen werden), um damit zu arbeiten und schließlich den Kunden zufrieden zu stellen. Wenn ich mich jedoch nicht grundlegend darum bemühe, dauerhaft ein intaktes Gehege zur Verfügung zu haben, werde ich nie wirklich viele Hühner an meine Kunden ausliefern können, weil ich mich immer auch mit nicht Wert schöpfenden Tätigkeiten aufhalte.

Nur drei von über 200 Arbeitstagen für KVP

Um den „Zaun" zunächst Schritt für Schritt zu reparieren und dann dauerhaft instand zu halten, muss man unterm Strich zwei bis drei Tage pro Abteilung pro Jahr investieren – nicht mehr und nicht weniger.[2] Ich kenne keinen Manager, der nicht bereit wäre, seine Mitarbeiter jährlich drei von mehr als 200 Arbeitstagen am Zaunreparieren arbeiten zu lassen.

Wenn es dann jedoch darum geht, Tage für Verbesserungsworkshops festzulegen, scheint merkwürdigerweise bereits dieses geringe Volumen abschreckend zu sein, so dass mancher Manager und Mitarbeiter zunächst lieber weiter Informationen und Material „jagen" will, anstatt an einer systematischen Verbesserung des Informations- und Materialflusses zu arbeiten. Daher ist es wichtig, sich als KVP-Moderator oder -Koordinator auf dieser Veranstaltung das Okay aller Führungskräfte abzuholen, dass regelmäßig KVP-Workshops stattfinden sollen. Nicht nur, dass man sich bei späteren Widerständen darauf berufen kann, sondern es entsteht so auch ein gewisser Gruppendruck, der es auch der Geschäftsleitung erleichtert, Sie im Bedarfsfall zu unterstützen und von allen Führungskräften Disziplin einzufordern.

Bei dem Bild vom Zaunreparieren und Hühnerfangen haben manche Leser vielleicht an das vergleichbare und durchaus bekanntere Bild vom Baumfällen und Sägeschärfen gedacht. Mir persönlich gefällt das Bild vom Zaunreparieren und Hühnerfangen besser, weil es auch das fortwährende Entstehen immer neuer Probleme beinhaltet, denn das Huhn – ein „fieses Vieh" – pickt immer wieder neue Löcher in den Zaun, an neuen und an alten Stellen. So muss das Unternehmen schließlich immer wieder neue und bessere Lösungen für Probleme finden und sich so an sich ändernde Wettbewerbsbedingungen anpassen.

Zweite Übung

Welche Rollen benötigen wir im KVP?

Die zweite und abschließende Übung dieser eintägigen Veranstaltung ist ein kleiner Workshop zu der Frage, welche Rollen es im Prozess kontinuierlicher Verbesserung in Ihrem Unternehmen geben soll und welcher Rolle dabei welche Verantwortung zukommt.

---

2 Ein Beispiel für ein entsprechendes KVP-Konzept finden Sie in „World Class Processes" oder „Effiziente Büros – Effiziente Produktion".

Zu diesem Zweck benötigen Sie drei bis vier Metaplan-Wände und ausreichend Metaplan-Karten, Pinnwand-Nadeln und Stifte. Aus den Teilnehmern bilden Sie nun drei bis vier Gruppen, deren Aufgabe es ist, die Rollen im Verbesserungsprogramm Ihres Unternehmens inhaltlich zu skizzieren. Dabei beschreibt jede Diskussionsgruppe jeweils eine Rolle.

Mein Vorschlag:
Vier Rollen

Nach meiner Erfahrung funktioniert ein Verbesserungsprogramm am besten mit den folgenden vier Rollen. Diese ermöglichen es, die KVP-Arbeit auf möglichst viele Schultern zu verteilen, wodurch der Widerstand des Einzelnen gesenkt wird, einen aktiven Beitrag zur kontinuierlichen Verbesserung zu leisten:

- Führungskräfte,
- Programm-Koordinator, oft auch Verbesserungsmanager oder Change-Manager genannt,
- Moderatoren, oft auch Prozessbegleiter, Multiplikatoren oder hausinterne Berater genannt,
- Abteilungsbeauftragte.

Führungskräfte

Die Führungskräfte haben die Aufgabe, das KVP-Programm aktiv zu unterstützen. Dafür sollen sie: den Mitarbeitern Zeit zur Verfügung stellen, Vertrauen entgegenbringen und Wertschätzung für die geleistete KVP-Arbeit aussprechen. Insbesondere mit Blick auf das Thema Zeit hat es sich bewährt, das Durchführen einer bestimmten Anzahl von Verbesserungsworkshops in die persönlichen Ziele jeder Führungskraft aufzunehmen und somit entgeltwirksam werden zu lassen. Keine Führungskraft lässt sich dieses „Easy Money" entgehen. Und nach ein paar Workshops sind die positiven Effekte ohnehin so transparent, dass oft nicht nur die anfänglichen Skeptiker, sondern sogar einstige Gegner zu Befürwortern werden. Dies habe ich schon mehrfach erlebt.

Koordinator

Der Programm-Koordinator bzw. *Change-Manager* koordiniert alle Aktivitäten des KVP-Teams und ist das Bindeglied zum Management sowie in allen Zweifelsfällen Ansprechpartner, sowohl für die Mitarbeiter als auch für die Führungskräfte. Im Idealfall ist er ein Mitglied des oberen Führungskreises und nimmt seine bisherige Funktion weiter wahr. Es könnte sich um den Qualitätsleiter handeln, den Produktionsleiter, den Personalleiter, den Kommunikationsleiter oder den Leiter des Finanz- und Rechnungswesens. Will sagen: Nicht das Aufgabengebiet, sondern der Manager als solcher ist entscheidend. Der Koordinator organisiert die Einführung und Weiterentwicklung des Verbesserungsprogramms sowie alle Schulungen für die Moderatoren und Abteilungsbeauftragten. Der Aufwand für diese Aufgabe umfasst bei guter Unterstützung durch die Geschäftsleitung zirka 20 Prozent der Arbeitszeit.

Moderatoren

Die Moderatoren sind verantwortlich für die Vorbereitung, Durchführung und Nachbereitung von Workshops. In der Einführungsphase sind dies alle Workshops. Nach der flächendeckenden Einführung aller Ebenen von KVP (vgl. Kapitel 2.2) sind dies nur noch Workshops mit abteilungsübergreifendem Fokus oder Abteilungsworkshops mit einem gewissen Grad an Komplexität oder „sozialem Sprengstoff". Moderatoren sind Mitarbeiter, die sich – in der Regel auf freiwilliger Basis – neben ihrer sonstigen Aufgabe her als hausinterner Berater engagieren und für diese Zusatzaufgabe ausgebildet werden. Der Aufwand für diese Aufgabe beträgt ca. 10 Prozent der Arbeitszeit, in der Einführungsphase etwas mehr.

Beauftragte

Die Abteilungsbeauftragten werden mit dem ersten Workshop in jeder Abteilung gefunden. Es sind Mitarbeiter, die sich für das Thema interessieren und ein kleineres Päckchen Verantwortung als die Moderatoren übernehmen möchten. Am Anfang besteht die Aufgabe dieser Mitarbeiter lediglich in der Dokumentation von Workshops, die die Moderatoren durchführen. Schrittweise übernehmen die Abteilungsbeauftragten das Vorbereiten, Durchführen und Nachbereiten von Workshops in ihrer jeweiligen Abteilung. Diese Workshops sollten dann höchstens einen Arbeitstag umfassen. Bei guter Vorbereitung (Ideen im Vorfeld gemeinsam mit allen Kollegen der Abteilung sammeln, diskutieren und gemeinsam entscheiden, welche Ideen auf dem Workshop umgesetzt werden sollen) laufen diese Workshops dann meistens wie von selbst und müssen nicht mehr moderiert werden, denn die Mitarbeiter haben im Zuge ihrer ersten und von einem dafür ausgebildeten Moderator geleiteten Workshops gelernt, worum es bei den Workshops geht: Mit Fokus auf die Arbeitsplätze geht es um das (Wieder-)Herstellen von Ordnung, um das Reduzieren von Suchzeiten und Optimieren von Wegen; mit Fokus auf die gesamte Abteilung geht es um das gemeinsame

Lösen jeglicher Art von Problemen (Ablagestandards, Stellvertreterregelungen, Arbeits- und Ablaufstandards, Informations- und Kommunikationsstandards, Service-Standards). Bei Bedarf – bei schwierigen Themen oder in schwierigen Gruppen – können die Abteilungsbeauftragten zur Unterstützung einen Moderator hinzuziehen. Zu diesem Zweck bekommen die Abteilungsbeauftragten die Möglichkeit, sich aus dem Kreis der Moderatoren jeweils einen Paten zu wählen. Das gibt den Beauftragten Sicherheit und dem gesamten System Stabilität – auch wenn die Beauftragten diese Unterstützung erfahrungsgemäß selten in Anspruch nehmen.

Wenn keine Beauftragten, dann größere Gruppe Moderatoren

Wenn Sie sich in Ihrem Unternehmen dafür entscheiden, auf die Rolle des Abteilungsbeauftragten zu verzichten und stattdessen lieber mit einer größeren Gruppe von Moderatoren oder gar einem Team aus freigestellten Moderatoren arbeiten, die auch nach der Einführungsphase alle Arten von Workshops durchführen, bilden Sie bei dieser Übung entsprechend drei statt vier Arbeitsgruppen.

In jedem Fall sollten Sie für das Ausarbeiten gut 20 Minuten Zeit geben. Für die sich daran anschließende Präsentation und die Diskussion sollten Sie 40 Minuten bis eine knappe Stunde einrechnen. Danach ist das Ziel der Veranstaltung erreicht: Mit der Darstellung des Konzepts und der ersten Übung haben Sie die Führungskräfte für das Thema KVP sozusagen abgeholt. Mit der zweiten Übung haben Sie die Führungskräfte dann auf eine subtile Art ihre eigene Rolle aufschreiben und letztlich in der Diskussion festlegen lassen. Letzteres sollten Sie nicht kommentieren, sondern einfach geschehen lassen. Bei der Diskussion sollten Sie dann darauf achten, dass die Führungskräfte nicht versuchen, Teile ihrer Aufgaben an den Koordinator abzugeben und dass Aufgaben des Koordinators nicht dem Moderatoren-Team aufgebürdet werden. Als Anhaltspunkt: Die Führungskraft führt, der Koordinator koordiniert, der Moderator moderiert.

Die Führungskraft führt, der Koordinator koordiniert, der Moderator moderiert

Gegebenenfalls Rollenverdichtung

Bei aller Befürwortung, die ich für die dargestellte Rollenverteilung habe, bin ich mir sehr wohl darüber bewusst, dass diese Rollen in vielen, insbesondere mittelständischen Unternehmen verdichtet werden. Hier gibt es dann einen, vielleicht zwei Mitarbeiter, die sowohl die Rolle des Koordinators als auch die des

Moderators wahrnehmen. Bei entsprechender Unterstützung durch die Geschäftsleitung kann dies ebenso ein Erfolgsmodell sein. Es müssen nur konsequent beide Rollen wahrgenommen werden (dürfen).

2.1.4 Meine Aufgabe als KVP-Moderator: Entscheidungen und Maßnahmen herbeiführen

Nun haben Sie die Unterstützung der Geschäftsleitung und keine Führungskraft steht mehr aktiv im Weg. Die politische Vorarbeit ist getan und es kann losgehen. Bei den nun folgenden KVP-Aktionen sind Sie voll und ganz Moderator und haben dabei eine Hauptaufgabe: Entscheidungen und Maßnahmen herbeiführen.

Das Ziel: Ergebnisse herbeiführen

Die Hauptaufgabe des KVP-Moderators ist, den Workshop zu Ergebnissen zu führen. Inhaltlich ist es aus Sicht des KVP-Moderators „völlig egal", welches Ergebnis erzielt wird. Wichtig ist nur, dass ein brauchbares Ergebnis erzielt wird. Damit dies erreicht werden kann, sind nach meiner Erfahrung zwei Dinge wichtig: Erstens passende Teilnehmer und zweitens Neutralität des Moderators.

Die Voraussetzungen

Die passenden Teilnehmer

Sprechen wir zunächst über die Teilnehmer: Die passenden Teilnehmer jeder KVP-Aktivität sind die „Bescheidwisser", Menschen, die über das Problem, das behoben werden soll, Bescheid wissen, weil sie täglich damit zu tun haben. Im Wesentlichen meine ich damit Mitarbeiter, die unmittelbar im Prozess tätig sind: Sachbearbeiter in den betroffenen Bürobereichen, Schalterpersonal mit unmittelbarem Kundenkontakt, Werksmitarbeiter am Band, an der Maschine, in der Montage. Führungskräfte sind nach meiner Erfahrung oft nicht die erste Wahl, wenn es um die passende Besetzung von KVP-Workshops geht. Warum? Dies hat zwei Gründe:

Erstens haben Führungskräfte erfahrungsgemäß nur eine ungefähre Vorstellung von dem, was tagtäglich an den Arbeitsplätzen ihres Bereichs geschieht. Bezogen auf ihre Aufgabe ist das völlig in Ordnung, denn ihr Arbeitsinhalt ist nicht das Tagesgeschäft an den Arbeitsplätzen ihrer Abteilung, sondern die Koordination der Leistungserbringung der Abteilung – und darüber hinaus auf politischer Ebene die angemessene Versorgung ihrer Abteilung mit Mitteln und Informationen. Wer seinen Bereich gut koordinieren und dessen Interessen gut in das politische System des Unternehmens integrieren kann, der ist eine gute Führungskraft. In Deutschland wird jedoch allzu oft der beste „Nägelklopfer" Chef der Nägelklopfer und nicht derjenige, der die Nägelklopfer am besten koordinieren könnte. Das ist zwar Firmen- und nicht KVP-Politik, aber dieser Teil der Firmenpolitik wird regelmäßig zu einem Problem bei der Besetzung von KVP-Workshops, denn solche Vorgesetzte tun sich schwer damit, anzuerkennen, dass sie schon längst nicht mehr am besten über den zu verändernden Ablauf Bescheid wissen – obwohl sie sich doch zusätzlich zu Ihrer Koordinationsfunktion täglich in den Arbeitsablauf einmischen. Zu dieser deutlichen, aber ernst gemeinten Polemik möchte ich anmerken, dass diese Kritik selbstverständlich nicht auf jene Führungskräfte zutrifft, die als Primus inter Pares tagtäglich selbst Aufträge mitbearbeiten müssen, weil die Abteilung knapp besetzt und sehr überschaubar ist. In diesen Fällen sind Führungskräfte manchmal sogar mit Abstand die erste Wahl bei der Workshop-Besetzung. Meiner Erfahrung nach ist dies jedoch selten der Fall.

Als Teilnehmer am besten „Bescheidwisser"

Der zweite Grund, warum ich dafür bin, anstelle typischer Führungskräfte besser Mitarbeiter vom Prozess am Workshop teilnehmen zu lassen, ist, dass Führungskräfte auf KVP-Workshops leider immer wieder den Fehler begehen, Prozessmängel auf sich selbst und ihre Führungsleistung zu projizieren. Entsprechend versuchen sie, diese Mängel entweder weg zu diskutieren oder konsequent deren Bedeutung herunterzuspielen. Ein schlechter Prozess kann jedoch eine Vielzahl von Ursachen haben. Nur eine davon ist die Führungsleistung. Darüber hinaus ist keineswegs sicher, dass an den Stellen, an denen ein Prozess Schwächen zeigt, auch die Ursachen dieser Schwächen zu finden sind. Oft tauchen im ersten Schritt nur die Symptome auf. Diese werden allerdings auf Sachbearbeiter bzw. Werkerebene vorbehaltloser und konstruktiver diskutiert, weil die unmittelbar betroffenen Mitarbeiter meist kein politisches, sondern ein rein arbeitsbezogenes Interesse haben und ihre Aufgaben einfach nur möglichst bald unter besseren Bedingungen ausführen wollen. So sorgen sie – anders als die von politischen Aspekten beeinflussten Führungskräfte – mit ihren Impulsen, Erfahrungen und Ideen dafür, dass das Workshop-Ergebnis zu einer spürbaren Verbesserung des Ablaufs oder sogar zur gänzlichen Behebung eines Problems führt. Und auch die Akzeptanz der Lösungen unter den Kollegen, die nicht am Workshop teilgenommen haben, ist hoch, denn die Lösungen und das eingebrachte Know-how stammen aus den „eigenen Reihen", von Menschen mit vergleichbarer Perspektive. Hingegen werden Ideen von „oben", wie wir es sicher alle schon erlebt haben, oft nicht vollständig umgesetzt und gelebt. Mit der richtigen Besetzung von Workshops gewinnt man also viel.

Mit der richtigen Besetzung von Workshops gewinnt man viel

Damit die Workshop-Teilnehmer ihr Potenzial dann voll ausfahren und ihre Erfahrungen ungehindert einbringen können, ist für den Moderator strikte Neutralität das oberste Gebot. Im ersten Schritt hilft es, wenn kein Moderator seinen eigenen Bereich moderiert. So ist kein Moderator dem Konflikt ausgesetzt, sich als potenzieller Bescheidwisser zwischen der Rolle des Moderators und der eines Teilnehmers entscheiden zu müssen, und kann unproblematisch die Rolle des Moderators wahrnehmen. Weitere Hilfestellungen für möglichst neutrales Moderieren werden in Kapitel 4 erarbeitet.

Neutralität ist ein Erfolgsfaktor für Moderatoren

Trotz aller gebotenen Neutralität kann es an passender Stelle im Workshop zum Erfolg beitragen, Impulse zu setzen und dabei das eigene Wissen bzw. eigene Ideen einzubringen. Dabei sollte der Moderator sich aber darüber bewusst sein, dass er eine „mächtige" Position hat – aufgrund seiner Rolle als institutionalisierter Führer dieser Gruppe(-ndiskussion) sowie aufgrund der Tatsache, dass er wegen der Arbeit mit Visualisierungsmitteln meist steht und die Teilnehmer sitzen und er so aus einer überlegenen Körperhaltung auf die Teilnehmer herabblickt. Wenn in diesem Setting Lösungsvorschläge vom Moderator geäußert werden, die von niemandem in der Gruppe geteilt werden, kann dies rasch zum Konflikt führen; die Gruppe wird sich dann geschlossen gegen den körpersprachlich überlegenen „Angreifer" wehren. Etwas einfacher ist die Situation für den Moderator, wenn es unter den Teilnehmern einen Befürworter des vom Moderator eingebrachten Vorschlags gibt. Dann ist es dem Moderator möglich, den Konflikt sozusagen in die Gruppe zurückzugeben, indem er den Befürworter nach Gründen für die Befürwortung fragt und die Gegner nach Gründen für deren Ablehnung. Damit ist der Konflikt wieder in der Gruppe und kann konstruktiv moderiert werden. In jedem Fall sind Impulse seitens des Moderators sorgsam auszuwählen und mit Fingerspitzengefühl in die Diskussion einzubringen. Und sie sollten stets im Konjunktiv an die Gruppe herangetragen werden: „Könnten Sie sich vorstellen, dieses oder jenes auch so oder so zu tun?", „Bei einem ähnlichen Problem habe ich schon einmal erlebt, wie die Mitarbeiter sich für XYZ entschieden haben, um das Problem zu beheben. Könte das auch für dieses Problem ein Ansatz sein?"

Weitere Eigenschaften

Um basierend auf einer gesunden Neutralität einerseits und dem Fokus auf der Brauchbarkeit der Ergebnisse andererseits zu eben solchen brauchbaren Ergebnissen gelangen zu können, sind weitere Eigenschaften nötig: Ein guter Moderator kann gut zuhören. Er sorgt für einen roten Faden während des gesamten Workshops, lässt dabei in gewissem Umfang zwar auch Abschweifungen zu, denn manchem Zick-Zack entspringen hervorragende Lösungsansätze, im passenden Moment aber führt er wieder zur Diskussion und zum Thema zurück, nämlich wenn entweder ein Lösungsansatz in Sicht ist oder aber deutlich wird, dass das freie Denken an dieser Stelle nicht weiterführt. Er ist in der Lage, Ideen und Lösungen zu visualisieren. Er muss in der Lage sein, Menschen einschätzen zu können. Und er muss in der Lage sein, seinen Körper ganz bewusst als Ausdrucksmittel einzusetzen. Auf alle diese Punkte werde ich in den nachfolgenden Kapiteln noch näher eingehen.

Wie laufen Entscheidungsprozesse eigentlich ab?

Nun möchte ich auf das für jeden KVP-Workshop zentrale Thema Entscheidungsfindung eingehen und zwar anhand eines theoretischen Modells, das verdeutlicht, wie Entscheidungsprozesse in der Arbeitswirklichkeit ablaufen. Die daraus abzuleitenden Erkenntnisse für Verbesserungsaktivitäten werde ich dann hervorheben.

Das Mülleimer-Modell als Beispiel für Entscheidungsprozesse

Das so genannte Mülleimer-Modell (March, 1990) beschreibt Entscheidungsprozesse, indem es die Entscheidungsgelegenheiten als „Mülleimer" betrachtet, in den die Probleme, die am Entscheidungsprozess beteiligten Personen und mit diesen auch die potenziellen Lösungen sozusagen hineingegeben werden.

Das Garbage-Can-Modell

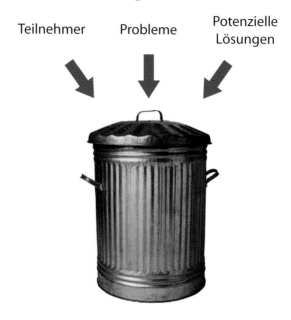

Teilnehmer   Probleme   Potenzielle Lösungen

Entscheidungsgelegenheit

Drei Einflussfaktoren

Die Entscheidung wird dabei maßgeblich von drei Faktoren geprägt: der personellen Zusammensetzung der entscheidenden Gruppe, der Anzahl der Entscheidungsgelegenheiten und der Reihenfolge der Entscheidungsgelegenheiten.

Hinsichtlich der personellen Zusammensetzung einer Gruppe spielen für eine Entscheidung die folgenden vier Faktoren eine Rolle:

1. Individuelle Vertrautheit mit dem Problem,
2. Persönliche Betroffenheit der Teilnehmer,
3. Kenntnis möglicher Lösungen seitens der Teilnehmer und
4. Kreativität der Teilnehmer.

Die Gruppe findet dann ihre Entscheidung bzw. Problemlösung durch eine der folgenden drei Möglichkeiten:

1. Entscheidung durch Übersehen
   → Eine Entscheidung wird getroffen bevor weitere Probleme erkannt werden.

2. Entscheidung durch Flucht
   → Die Probleme wandern zu anderen Entscheidungsgelegenheiten ab.

3. Entscheidung durch Problemlösung
   → Eintscheidungen werden (mehr oder weniger) rational getroffen.

Entscheidungen oft durch Übersehen oder Flucht

Empirische Untersuchungen zeigen, dass in der Praxis Entscheidungen am häufigsten durch Übersehen oder Flucht getroffen werden. Unter Flucht wird dabei beispielsweise verstanden, dass eine Entscheidung gezielt erst bei einer solchen Entscheidungsgelegenheit getroffen wird, bei der bestimmte Teilnehmer nicht anwesend sind. Oft stehen bei der „Flucht" zu anderen Entscheidungsgelegenheiten aber auch nicht solche strategisch-politischen Überlegungen im Vordergrund, sondern schlicht die berufliche Belastung der Gruppenmitglieder.

Die empirischen Untersuchungen zu dem Thema zeigen auch, dass die Lösung frühzeitig diskutierter Probleme innerhalb eines Gesamtprozesses wahrscheinlicher ist, als die Lösung spät eingebrachter Probleme. Auch wird durch Beobachtung realen Entscheidungsverhaltens deutlich, dass sich mit einer Verringerung der Anzahl möglicher Entscheidungsgelegenheiten eine Abwanderung von Problemen zu späteren Entscheidungsgelegenheiten entsprechend verringert. Auf diese Weise wird auch der Anteil redundanter oder schlicht überflüssiger Kommunikationsanteile gesenkt. Ganz generell ist die Lösung von Problemen mittlerer Wichtigkeit am wahrscheinlichsten – auf schwerwiegende Probleme wird am häufigsten mit Übersehen oder Flucht reagiert, gering wiegende Probleme werden zuweilen als unwichtig charakterisiert und übergangen. Und: Die empirischen

Fluktuation ist ein Problem für Entscheidungsfindung

Untersuchungen zeigen, dass in zahlreichen Entscheidungsprozessen die Fluktuation der Teilnehmer hoch ist, wodurch meist das Fällen von Entscheidungen erschwert wird, weil die (fluktuierenden) Teilnehmer stets einen unterschiedlichen Informationsstand haben.

Daraus folgt für die effiziente Gestaltung von Entscheidungsprozessen:

1. Reduzierung der Anzahl von Entscheidungsgelegenheiten (möglichst wenige KVP-Workshops zu einem
   Thema),

2. sorgfältige Auswahl der Teilnehmer vorab (ggf. mit der
   Verpflichtung zur regelmäßigen Teilnahme an Projekt-
   sitzungen/Workshops),

3. klare und von den Gruppenmitgliedern akzeptierte De-
   finitionen der Probleme und Ziele (idealerweise, indem
   die Ziele von den Teilnehmern in einem Vorgespräch
   selbst festgelegt werden),

4. das schriftliche Festhalten der Lösungsvorschläge und
   Ergebnisse (Maßnahmenplan und Workshop-Doku-
   mentation) und das systematische Nachverfolgen der
   Umsetzung definierter Maßnahmen sowie

5. das Anhalten der Mitglieder zu überzeugender Argu-
   mentation anstatt des Verwendens von Schlagwörtern.

Bei der Bereitschaft, lösungsorientiert zu diskutieren und Entscheidungen herbeizuführen, kann die Unternehmensgröße
eine Rolle spielen. Insbesondere in großen Unternehmen ist
festzustellen, dass Mitarbeiter oft Angst haben, falsche Entscheidungen zu treffen und daher lieber warten möchten, was
der Vorgesetzte zu den im Raum stehenden Vorschlägen sagt.
Diese Rückdelegation kann meiner Erfahrung nach alle Ebenen
betreffen. Ist jedoch auf der im vorigen Kapitel beschriebenen
KVP-Führungskräfteschulung beschlossen worden, den Mitarbeitern Freiraum zu gewähren und ist dies im Vorfeld zu den ersten
Workshops publiziert worden, sollte es dem Moderator leicht
fallen, holperige Diskussionen zu vermeiden und die „Flucht" vor
Entscheidungen und Maßnahmen zu unterbinden.

Aus Erfahrung ist es dennoch ratsam, sich im Vorfeld zu den
allerersten Workshops von der Geschäftsleitung noch einmal in
einem kurzen persönlichen Gespräch das Commitment zu holen,

den Mitarbeitern bei Entscheidungen zur Verbesserung ihrer Arbeitsabläufe die nötigen Freiräume zu gewähren. So ist man als Moderator gut gerüstet, den Teilnehmern im Bedarfsfall Ängste zu nehmen und diese mit Bezug auf die klaren Aussagen der Geschäftsleitung zum Erarbeiten von Lösungen und Maßnahmen anschieben zu können.

2.2 Der Workshop: Vorbereitung, Durchführung, Nachbereitung

Drei Ebenen betrieblicher Verbesserung

Damit sind wir bei den Workshops angekommen und bei der Frage, wie diese vorzubereiten, durchzuführen und nachzubereiten sind. Grundlegend sind drei Ebenen betrieblicher Verbesserung zu unterscheiden: der Arbeitsplatz, die Abteilung und der gesamte Geschäftsprozess sowie dessen Schnittstellen. Im Folgenden wird auf Verbesserungsworkshops aller drei Ebenen eingegangen.

Aus pragmatischen Gesichtspunkten ist dieses Kapitel überwiegend nicht als Fließtext geschrieben, sondern in Form von Checklisten, die Schritt für Schritt als Begleitung genutzt werden können. Weil Abschlusspräsentationen im Rahmen von Workshops immer ein besonderer Meilenstein sind, stelle ich diesen Teil im Rahmen der Checklisten sehr detailliert und teilweise mit Erläuterungen dar.

Im Rahmen der Durchführung von Workshops spielen naturgemäß die zum Einsatz kommenden Methoden eine wesentliche Rolle. Die Methoden, auf die ich mich im Rahmen der Checklisten beziehe, werden sämtlich in Kapitel 3 erläutert. Hier geht es zunächst nur um die organisatorischen Grundlagen.

Checklisten

Arbeitsplatz-Workshops

Arbeitsplatz-Workshops: Vorbereitung

- Gegenseitiges Informieren/Abstimmen der Moderatoren (Oft wird ein Workshop nicht von einem Moderator, sondern von zwei oder sogar drei Moderatoren durchgeführt, je nach Größe der Teilnehmergruppe)

- Vorgespräch mit Abteilungsleiter zum Klären offener Fragen führen
- Agenda an Teilnehmer verteilen
- Unternehmensleitung, Lenkungsausschuss, Personalleitung und Betriebsrat zur Abschlusspräsentation (Ende des Workshops) einladen
- Einführungsvortrag als Power-Point-Datei zur Verfügung haben
- Individuelles Vorbereiten auf Einführungsvortrag (Vortrag üben)
- Raum für Einführungsveranstaltung reservieren und passend herrichten:
  - Laptop und Beamer, ggf. Leinwand
  - Stühle (Wie viele Mitarbeiter nehmen teil?)
  - Flipchart und Stifte für Skizzen und Visualisierung
- Container für Müll organisieren: Dies ist unternehmensspezifisch und hängt von den Produkten bzw. den verwendeten Materialien ab. Pauschal kommt man ganz gut zurecht mit: Papier (2x), Kunststoff, Sondermüll und Schrott, manchmal auch noch Elektroschrott
- Wenn KVP auch in Bürobereichen durchgeführt wird (was ich stets empfehle, um den maximalen Effekt zu erzielen): Eine ausreichende Anzahl von Umzugskartons zum Transport von den Büros zu den Containern besorgen und beschriften mit:
  - Papier
  - Kunststoff
  - Ordner „alt"
  - Ordner „wieder verwertbar"
  - Wieder verwertbares Büromaterial (nicht in die Container, sondern zur abteilungsinternen, zentralen Verwaltung geben)
  - Paletten für Ordner mit hohen Umrandungen oder alternativ: Gitterboxen besorgen, bspw. 2 x Ordner wieder verwertbar, 1 x Ordner alt
- „Parkplatz" für überflüssiges aber wieder verwendbares Mobiliar organisieren
- Etikettenschreiber für Beschriftung der Ablagen zur Verfügung haben

- Elektriker und EDV-Bereich auf mögliche Zusatzarbeit vorbereiten: Repositionierung von Druckern, Rechnern, Bildschirmen
- Entsorgungsweg für auszusortierende Elektrogeräte im Vorfeld klären
- Formblätter (Ideensammlung, Maßnahmenplan) zur Verfügung haben
- Digitalkamera für Vorher-Nachher-Bilder für Abschlusspräsentation zur Verfügung haben
- Software für Erstellung eines Films (Abschlusspräsentation) zur Verfügung haben

Arbeitsplatz-Workshops: Durchführung und Nachbereitung

- Begrüßung jedes einzelnen Teilnehmers mit einem freundlichen „Guten Morgen", einem Lächeln und Händeschütteln, nach dem Motto: Wer mich freundlich begrüßt, will mir nichts Schlechtes bringen
- Einführungsvortrag halten
- Beginn 5S: Individuelles Anregen der Mitarbeiter zum Aussortieren überflüssiger Arbeitsmittel sowie zum Neuanordnen und ggf. Beschriften der benötigten Arbeitsmittel, all dies auch in gemeinschaftlich genutzten Bereichen (zum Beispiel bei Werkzeug- und Materialschränken oder Papierablagen jeglicher Art, EDV-Ablagen und Archive nicht zu vergessen; auch Optimierung der Wege zu gemeinsam genutzten Gegenständen wie Fax, Drucker, Kopierer), empfohlene Dauer für den ersten Workshop: 1 ½ Tage
- Vorbereiten der Abschlusspräsentation
  - Erstellen eines kleinen Video-Clips aus Vorher-Nachher-Bildern
  - Sammeln weiterer Verbesserungsideen auf einer Ideensammlung
- Abschlusspräsentation
  - Zusammenkommen in einem Raum mit einer ausreichenden Anzahl Sitzplätze; Aufbau wie im Kino, Geschäftsleitung sitzt vorne (Oft wird derselbe Raum gewählt, in dem auch schon die Einführungsveranstaltung stattgefunden hat)

- Geschäftsleitung und weitere Gäste wie bspw. Geschäftsbereichsleitung, Personalleitung und Betriebsrat begrüßen
- Feedbackrunde: Moderatoren fragen von vorne nach hinten oder reihum jeden Teilnehmer, wie er/sie den Workshop erlebt hat bzw. was das persönliche Highlight war
- Zeigen des Video-Clips
- Präsentieren der weiteren Ideen (… und falls noch nicht in der Vorbereitung von den Teilnehmern geschehen, jetzt im Kreise aller Teilnehmer: Zuordnung vornehmen, wann diese von wem umgesetzt werden)
- Ausblick von den Moderatoren: Wie geht's weiter?, Wann findet der nächste Workshop statt? Wann gibt es ggf. ein Audit?
- Abschließende motivierende Worte von: Abteilungsleiter, KVP-Koordinator, Vorsitzendem der Unternehmensleitung
- Nachbereitung der Moderatoren
  - Termin für Audit vermerken, auf dem nochmals gemeinsam mit den Teilnehmern (oder je nach Unternehmenskultur auch nur mit dem Abteilungsleiter) hingeschaut wird, ob die erzielten Verbesserungen an den Arbeitsplätzen eines Bereichs auch eingehalten werden.
  - Auditbogen an Teilnehmer des Audits verteilen
  - Video-Clip und Maßnahmenplan als Dokumentation ablegen

Feedback von jedem einzelnen Teilnehmer

Die symbolträchtige Abfrage zu Beginn der Abschlusspräsentation verdeutlicht jedem einzelnen Teilnehmer, dass für den Veränderungsprozess jede einzelne Meinung zählt. Von „Endlich hatten wir mal Zeit dafür" bis „Das müssten wir häufiger machen" gibt es eine Vielzahl positiver Rückmeldungen. In diesen Rückmeldungen kommt oft auch Erstaunen der Mitarbeiter darüber zum Ausdruck, wie viel sich im Rahmen des Workshops bewegt hat, genauer: wie viel sie selbst bewegt haben. Auf die wirklich seltenen Nörgeleien bei solchen Stimmungsabfragen sollte man offen mit einem freundlichen „Danke für die ehrliche Rückmeldung" reagieren und mit einer Frage an den Sitznachbarn des Nörglers einfach weitermachen. Von Dutzenden

Arbeitsplatz-Workshops, die ich geleitet habe, gab es keinen, in dem die Grundstimmung am Ende nicht eindeutig positiv war.

Der Video-Clip, für dessen Anfertigung erfahrungsgemäß ca. zwei Stunden benötigt werden, zeigt die Entwicklung von unaufgeräumten Arbeitsplätzen hin zu einem Bereich, in dem man einen Überblick über die Gestaltungsmöglichkeiten für Informations- und Materialfluss hat – was dann auf den nächsten Ebenen (Abteilung und Prozess) der Fokus sein wird. Der Video-Clip könnte also den folgenden Ablauf haben:

1. Vorher-Bilder (in manchen Bereichen ein richtiger „Saustall")
2. Aktivitäten (Aussortieren unnötiger Dinge am eigenen Arbeitsplatz, Wegtragen von Schrott, überflüssigen Werkzeugen, Ordnern, Papier etc.)
3. Saubere und gut strukturierte Arbeitsplätze

Erster Workshop ist oft auch ein erster Schritt in Richtung Team

Zum Abschluss des Workshops führt das gemeinsame Anschauen dieses Clips noch einmal zu Begeisterung und Spaß, denn jeder sieht noch einmal, wie die Arbeitsbereiche vor dem Arbeitsplatz-Workshop ausgesehen haben und wie sie nun aussehen. Auf diese Weise wird noch einmal wahrgenommen „Wir haben richtig etwas bewegt". Dabei ist das WIR mindestens so wichtig, wie die Tatsache, dass etwas bewegt wurde. In einigen Fällen habe ich es erlebt, dass die gesamte Abteilung mit ihrem ersten Arbeitsplatz-Workshop erstmals etwas gemeinsam getan hat. In diesen Fällen war durch die Stimmung nach dem Video-Clip, aber auch durch die Rückmeldungen auf der Feedback-Abfrage spürbar, welch starken Beitrag so ein erster Workshop dazu leisten kann, die Menschen durch gemeinsames Handeln aus ihrem Nebeneinander herauszuführen. Mit den dann nachfolgenden Abteilungs- und Prozess-Workshops wird auf dieser teamorientierten Basis aufgebaut, um letztlich alle Abläufe gemeinsam zu entwickeln.

Zum Erstellen der passenden Bilder für den Video-Clip, möchte ich diesen kleinen Tipp geben: Sagen Sie im Bedarfsfall vor jedem Foto, der Person die Sie ablichten: „Bitte einmal kurz lächeln!" Die Stimmung ist in solchen Workshops ohnehin immer sehr positiv, aber die vielen freudigen Gesichter auf dem Video-

Clip verstärken diesen Eindruck auf der Abschlusspräsentation nochmals und lassen alle erleben, dass nicht nur sie selbst, sondern auch die Kolleginnen und Kollegen Spaß an der Aktion gehabt haben.

Nach dem Video-Clip präsentiert der Abteilungsbeauftragte (oder falls es diese Rolle in Ihrem KVP-Programm nicht gibt: ein Mitarbeiter oder der Abteilungsleiter) alle weiteren Ideen, im Idealfall mit einem Zeitplan, bis wann diese von wem umgesetzt sein sollen. Hat man bis zu diesem Zeitpunkt noch keinen Terminplan für die Umsetzung der weiteren Ideen vorliegen, leitet der Moderator an dieser Stelle Idee für Idee eine kleine Diskussion, bis wann die jeweilige Idee umgesetzt sein soll und wer die Verantwortung dafür übernimmt. Auf diese Weise wird aus der Ideensammlung ein Maßnahmenplan. Oft entwickelt es sich dabei, dass Kollegen gemeinsam Verantwortung für eine Aufgabe übernehmen, so dass am Ende alle den Workshop mit dem guten Gefühl verlassen „Wir ziehen alle an einem Strang." Bei solchen „Allianzen" sollte der Moderator jedoch darauf bestehen, dass jeweils eine Person die Leitung für die Umsetzung der Maßnahme übernimmt und die anderen als Unterstützer vermerkt werden – sonst kann es vorkommen, dass sich durch die geteilte Verantwortung am Ende keiner so richtig berufen fühlt, die Umsetzung der Maßnahme herbeizuführen. Das würde dann die Stimmung bei einem Audit belasten.

Feedback vom CEO ist wichtig!

Und: Die abschließenden, motivierenden Worte des Vorsitzenden der Unternehmensleitung sind wichtig! Wie heißt es so schön: Für den ersten Eindruck gibt es keine zweite Chance, der letzte Eindruck bleibt. Diese Rückmeldung ist das, was die Mitarbeiter am bewusstesten mit nach Hause nehmen.

Abteilungswork-shops

Abteilungsworkshops: Vorbereitung

- Gegenseitiges Informieren/Abstimmen der Moderatoren
- Vorgespräch mit Abteilungsleiter zum Klären offener Fragen führen
- Agenda an Teilnehmer verteilen

- Unternehmensleitung, Lenkungsausschuss, Personalleitung und Betriebsrat zur Abschlusspräsentation (Ende des Workshops) einladen
- Einführungsvortrag als Power-Point-Datei zur Verfügung haben
- Individuelles Vorbereiten auf Einführungsvortrag
- Raum für Veranstaltung reservieren und passend herrichten:
  - Laptop und Beamer für Einführungsvortrag, ggf. Leinwand
  - Stühle (Wie viele Mitarbeiter nehmen teil?)
  - Flipchart für Ideenfinden
  - Metaplan-/Pinnwände
  - Vollständiger Moderatorenkoffer:
    - Runde und eckige / weiße und farbige Metaplankarten
    - Stifte in verschiedenen Farben
    - Pinnwandnadeln
    - Klebestift
    - Schere
    - Digitalkamera für Dokumentation

Abteilungsworkshops: Durchführung und Nachbereitung

- Begrüßung jedes einzelnen Teilnehmers mit einem freundlichen „Guten Morgen", einem Lächeln und Händeschütteln
- Einführungsvortrag halten
- Themenvorschläge/Verbesserungsideen der Teilnehmer auf Flip-Chart sammeln
- Themenvorschläge von Teilnehmern gewichten lassen (jeder hat zwei Stimmen)
- Den Themen Gruppen zuordnen
- Themen in Gruppen bearbeiten (moderiert)
- Maßnahmenplan erstellen mit einerseits solchen Maßnahmen, die bereits während des Workshops umgesetzt wurden, und andererseits solchen, die noch nicht umgesetzt wurden und nun hinsichtlich Verantwortung und Terminierung zugeordnet werden

- Abschlusspräsentation
  - Zusammenkommen in einem Raum oder im unmittelbaren Arbeitsumfeld, bspw. in einem Großraumbüro/Produktionsbereich
  - Geschäftsleitung und weitere Gäste wie bspw. Geschäftsbereichsleitung, Personalleitung und Betriebsrat begrüßen
  - Präsentation der neu gefundenen Standards durch die Teilnehmer, ggf. kurze Diskussion
  - Präsentation der weiteren Maßnahmen mit Zeitplan für deren Umsetzung
  - Ausblick von den Moderatoren: Wie geht's weiter?, Wann findet ein Audit statt?, Wann findet der nächste Workshop statt?
  - Abschließende motivierende Worte von: Abteilungsleiter, KVP-Koordinator, Vorsitzender der Unternehmensleitung
- Nachbereitung:
  - Maßnahmenplan ins EDV-System einpflegen und Workflows für Maßnahmenverantwortliche (siehe Maßnahmenplan) erzeugen
  - Auditbogen an Teilnehmer des Audits verteilen

In großen Abteilungen ist während der Workshops Arbeitsteilung angesagt, so dass nicht jeder Teilnehmer während des Workshops an jeder Lösung mitarbeitet. Oft ist es sogar so, dass in der Abteilung, die einen Workshop durchführt, nicht die gesamte Abteilung an der Erarbeitung neuer Standards beteiligt ist, sondern dass eine Art Notdienst eingerichtet wird, der dafür sorgt, dass die Zuarbeit zum (internen) Kunden wenigstens auf minimalem Niveau erhalten bleibt. Daher ist dann auf der Abschlusspräsentation wichtig, dass alle Standards, die auf dem Workshop geändert oder gänzlich neu erarbeitet wurden, kurz der gesamten Abteilung vorgestellt und zur Diskussion gestellt werden, denn in der Regel sind von den neuen oder geänderten Standards auch Kollegen betroffen, die nicht in der entsprechenden Arbeitsgruppe mitgewirkt haben. Entsprechend nehmen zu Beginn des Workshops alle Kolleginnen und Kollegen der Abteilung an der Einführungspräsentation und der Auswahl der Themen teil. So hat jeder eine Chance, seine Ideen einzubringen und jeder weiß, was bearbeitet wird.

Auf dem Audit, das frühestens zwei, eher drei bis vier Monate nach dem Workshop durchgeführt werden sollte, sollte konstruktiv erhoben werden, ob alle auf dem Workshop definierten Maßnahmen umgesetzt und die Abläufe entsprechend verbessert wurden. Alternativ kann man auch periodisch, beispielsweise einmal jährlich ein Audit zu den Ebenen Abteilung und Arbeitsplatz durchführen und so einerseits Wertschätzung für Geleistetes zeigen, aber eben auch Anregungen für weitere Verbesserungen geben.

Prozess-
Workshops

Prozess-Workshops: Vorbereitung

- Gegenseitiges Informieren/Abstimmen der Moderatoren
- Individuelle Vorgespräche mit allen betroffenen Abteilungsleitern (interne Kunden und interne Lieferanten im zu analysierenden Prozess); im Zuge dessen: Auswahl der Teilnehmer aus den einzelnen Abteilungen
- Einladung der Teilnehmer zum Vorgespräch
- Vorgespräch: Abstimmung mit den Teilnehmern (Ziele, Ablauf)
- Unternehmensleitung, Lenkungsausschuss, betroffene Vorgesetzte, Personalleitung und Betriebsrat zur Abschlusspräsentation (Ende des Workshops) einladen
- Raum für Veranstaltung reservieren und passend herrichten:
  - Laptop und Beamer für Einführungsvortrag, ggf. Leinwand
  - Stühle (Wie viele Mitarbeiter nehmen teil?)
  - Flip-Chart für Skizzen
  - Metaplan-/Pinnwände
  - Vollständiger Moderatorenkoffer:
    - Runde und eckige / weiße und farbige Metaplankarten
    - Stifte in verschiedenen Farben
    - Pinnwandnadeln
    - Klebestift
    - Schere
    - Große Post-It-Kleber in gelb und pink für Prozess-Mapping

- Digitalkamera für Dokumentation
- Persönliche Vorbereitung

Prozess-Workshops: Durchführung und Nachbereitung

- Begrüßung jedes einzelnen Teilnehmers mit einem freundlichen „Guten Morgen", einem Lächeln und Händeschütteln
- Einführungsvortrag halten
- Wenn sinnvoll: Zahlen, Daten, Fakten aufnehmen – bspw: Was ist wie oft betroffen?)
- Prozess darstellen (Prozess-Mapping)
- Möglichkeiten für Prozessverbesserungen finden und in Prozess-Darstellung einfügen
- Verbale Beschreibung der Probleme auf Flipchart
- Einschätzung des mit der Verbesserung verbundenen Aufwands und Nutzens auf Flip-Chart
- Methodische Bearbeitung der ausgewählten Probleme:
  - Problem beschreiben
  - Problemursachen klären
  - Problemlösung definieren
  - Wenn möglich und „politisch" unbedenklich: Lösung direkt umsetzen
- Gelöste und nicht gelöste Probleme mit Verantwortlichkeiten und Zielterminen auf Maßnahmenplan eintragen
- Termin für gemeinsame Überprüfung (Audit) mit Teilnehmerkreis vereinbaren
- Abschlusspräsentation
  - Zusammenkommen in einem Raum, im Idealfall in dem Raum, in dem der Prozess-Workshop stattgefunden hat (Aufnehmen der „Atmosphäre")
  - Geschäftsleitung und weitere Gäste wie bspw. Geschäftsbereichsleitung, Personalleitung und Betriebsrat begrüßen
  - Präsentation der Prozessanalyse, der gefundenen Verbesserungspotenziale und der definierten bzw. im Idealfall bereits umgesetzten Maßnahmen; sowie auf ausdrückliche Anfrage durch das Publikum:
    - Präsentation und Diskussion der Aufwand-Nutzen-Herleitung

- Präsentation und Diskussion der Wege, wie die Lösungen gefunden wurden
  - Kurzer Hinweis auf das geplante Audit
  - Abschließende motivierende Worte von KVP-Koordinator und Vorsitzendem der Unternehmensleitung
- Nachbereitung durch die Moderatoren
  - Ergebnisse für Ablage im PC-System aufbereiten (bspw. Prozessdarstellung, Problemlösungen und Maßnahmenplan abfotografieren und ein PDF erstellen)
  - Maßnahmenplan ins EDV-System einpflegen und Workflows für Maßnahmenverantwortliche (siehe Maßnahmenplan) erzeugen
  - Einladung der Teilnehmer zum Audit

Audit für Prozess-Workshop spätestens vier Monate nach dem Workshop

Auch das Audit für Prozess-Workshops ist eine konstruktive Überprüfung, ob die definierten Maßnahmen umgesetzt wurden. Der Termin sollte nicht länger als vier Monate nach dem Workshop liegen. Zu diesem Termin kommen nochmals alle Teilnehmer des Workshops zusammen. Die Voraussetzung für das Audit ist, dass alle Maßnahmen mindestens einen Monat vor dieser erneuten Zusammenkunft umgesetzt sind, so dass die internen Kunden der jeweiligen Prozessverbesserung eine Aussage darüber machen können, inwieweit die einzelne Maßnahme zu einer Verbesserung geführt hat und ob ggf. noch weiterer Handlungsbedarf besteht.

3 KVP-Methoden und Gesprächsführung

3.1 Bewährte Methoden für KVP-Workshops

Weniger ist oft mehr

Wie ich in der Einleitung angedeutet habe, ist mein Credo zum Thema Methoden: weniger ist mehr. Seit vielen Jahren fahre ich sehr gut damit, Moderatoren nicht in exzessiven Schulungen mit einer Fülle von Methoden zu belasten. Ich bin dafür, sich auf wenige gute Hilfsmittel zu beschränken, auf solche Hilfsmittel, die einfach zu beherrschen sind und auf die man sich verlassen kann. Für den Moderator ist es dabei wie für einen Handwerker: Wer mit dem wesentlichen Werkzeug gut umgehen kann, macht gute Arbeit und kommt rasch zum Erfolg.

Bei aller Liebe zur Beherrschbarkeit des „Methoden-Koffers" ist es jedoch auch so, dass man nicht zu wenig Werkzeug zur Verfügung haben sollte. Denn wer beispielsweise nur einen Hammer als Werkzeug kennt, für den sieht jedes Problem aus wie ein Nagel. Und etwas komplexer ist die Welt ja schon. So möchte ich hier den kleinen kompakten Methoden-Werkzeugkasten darstellen, der sich für mich über Jahre branchen- und länderübergreifend bewährt hat – aufgeteilt auf die drei Ebenen betrieblicher Verbesserung: Arbeitsplatz, Arbeitsgruppe, gesamter Prozess.

3.1.1 Erste Ebene: Der Arbeitsplatz

5S

Die erste Ebene steht ganz im Zeichen der Erhöhung individueller Produktivität. Gruppenprozesse oder gar Schnittstellen bleiben zunächst noch unbetrachtet. Die Methode, die ich hier vorstellen möchte, ist als 5S, 5A oder Level 1 bekannt. Oberflächlich gesehen geht es dabei schlicht um das Aufräumen des eigenen Arbeitsplatzes. So habe ich schon mehrfach gehört, 5S sei im Wesentlichen eine Art „Aktion Schöner Wohnen". In Wahrheit soll jedoch wesentlich mehr erreicht werden: Basierend auf dem Aussortieren von Dingen, die nicht mehr benötigt werden, sollen die notwendigen Arbeitsmittel ergonomisch angeordnet und der so selbst geschaffene Arbeitsplatzstandard diszipliniert eingehalten werden. Auf diese Weise entsteht auf individueller Ebene eine solide Basis für die Verbesserung des Informations- und Materialflusses, die dann schwerpunktmäßig mit Workshops der Ebenen „Arbeitsgruppe" und „Prozess" angegangen wird.

Die fünf „S" bzw. fünf „A"

- **S**eiri   = **S**ortiere aus   = **A**ussortieren
- **S**eiton = **S**telle hin   = **A**ufräumen
- **S**eiso   = **S**äubere   = **A**rbeitsplatzsauberkeit
- **S**eiketsu = **S**tandardisiere = **A**nordnung zur Regel machen
- **S**hitsuke = **S**elbstdisziplin = **A**lle Punkte einhalten und verbessern

Selbst erfahrene KVP-Moderatoren sind immer wieder davon beeindruckt, wie viel sich mit ersten 5S-Aktionen bewegen lässt. In Bürobereichen werden von den Mitarbeitern oft mehrere Tonnen Altpapier entsorgt, Hunderte wenn nicht sogar mehrere Tausend wieder verwertbare Ordner und enorme Mengen von Büromaterial aus den individuellen Arbeitsbereichen „verbannt" – ganz zu schweigen von dem frei werdenden Speicherplatz, nachdem alle PC-Laufwerke von überflüssig gewordenen Dateien befreit wurden. Die hier genannten Größenordnungen beziehen sich auf Unternehmen oder Unternehmensbereiche ab 50 Mitarbeitern.

5S im Büro

Mit der Einführung von 5S in den Bürobereichen erreicht man es manchmal sogar schon, dass Ordner und Büromaterial abteilungs- oder unternehmensbereichsweise zentral verwaltet und kanbanisiert werden, das heißt, dass mittels Kanban-Karten der Mindestbestand, die Nachbestellmenge und der Ablauf der Bestellung für jedes Arbeitsmittel festgelegt werden. Nach der Einführung von 5S muss Büromaterial meist monatelang nicht nachbestellt werden, die Suchzeiten verringen sich erheblich und durch die Kanbanisierung ist sichergestellt, dass Büromaterial immer in passendem Umfang verfügbar ist und gleichzeitig die Bestände konstant niedrig gehalten werden, nach dem Motto: „Wir haben wenig, aber immer genug."

5S in der Produktion

Auch in Produktionsbereichen können sich die 5S-Erfolge sehen lassen. Ein Beispiel: In einem Unternehmen mit ungefähr 130 Produktionsmitarbeitern haben wir einmal über 100 überflüssige Möbelstücke, sage und schreibe 250 Tonnen Schrott sowie Tausende alter Ordner und zig Tonnen Papier entsorgt. Dabei wurden auch ganze Werkzeugmaschinen abgebaut, die durch stetige Modernisierung des Maschinenparks bereits über Jahre hinweg nicht mehr genutzt wurden. Zuvor kam es niemandem in den Sinn, den Platz anderweitig zu nutzen, beispielsweise für eine Verbesserung des Materialflusses.

3.1.2 Zweite Ebene: Die Arbeitsgruppe

3.1.2.1 Allgemeines

Die Ablage – ein wichtiges Thema für die gesamte Abteilung

Den Übergang vom Arbeitsplatz zur Arbeitsgruppe bildet das Thema Ablage. Hartgesottene 5S'ler ordnen das Thema Ablage ausschließlich 5S zu. Ich persönlich sehe dieses Thema zwar auch am einzelnen Arbeitsplatz, dies jedoch nur am Anfang. Mit der Einführung der zweiten KVP-Ebene wird das Thema Ablage ein Thema für die gesamte Arbeitsgruppe, denn in der Urlaubszeit, bei Geschäftsreisen, bei Fortbildungen oder der Krankheit eines Mitarbeiters müssen sich die Kollegen in der Ablage des Abwesenden zurechtfinden, um Informationen für das Abarbeiten von Aufträgen zu finden. So gibt es unterm Strich kaum Raum für persönliche Ablage; mit Blick auf eine funktionierende Stellvertreterregelung gibt es eigentlich nur Abteilungsablagen. In der Produktion gilt dasselbe für Material und Werkzeug.

Weitere Themen auf Abteilungsebene sind Arbeits- und Ablaufstandards, die beispielsweise mit Checklisten dokumentiert und sichergestellt werden können, Struktur- bzw. Layout-Standards, mittels derer der Informations- und Materialfluss innerhalb eines Bereichs kundenorientiert gestaltet wird, Kommunikations- und Informationsstandards, die einen passenden Informationsfluss auch bei geplanter und ungeplanter Abwesenheit sicherstellen, sowie Service-Standards, mit denen geregelt ist, wie wir (internen und externen) Kunden zuarbeiten. Die Service-Standards bilden mit ihrem Blick auf den (internen und externen) Kunden den Übergang zur dritten Ebene, der Ebene gesamter Geschäftsprozesse.

Beispiele für abteilungsinterne Themen sind:

Beispiele

- die Frage, in welchem Zeitfenster auf Anfragen der Kunden reagiert werden soll sowie das Weiterentwickeln elektronischer Hilfsmittel, damit Anfragen besser und schneller bearbeitet werden können,

- das Abarbeiten von Anträgen (bspw. Kreditantrag in der Kreditabteilung einer Bank oder Antrag für das Ausstellen eines neuen Reisepasses bei der Stadtverwaltung),
- das Bestellen bei einem Händler bzw. Hersteller,
- das Optimieren der Bearbeitung von Aufträgen,
- die Standardisierung von Genehmigungs-, Reservierungs- oder Abrechnungsverfahren,
- das Überarbeiten und Standardisieren von Vorlagen,
- das Schaffen eines Ablagestandards für einen gesamten Büro- oder Produktionsbereich (von der Beschriftung der dinglichen Ablage bis hin zur Dokumentenbezeichnung im PC),
- das Einzeichnen von festen Plätzen für die Anlieferung und Abholung von Werkstücken auf dem Hallenboden,
- das Schaffen einer für die Abteilung lückenlosen Stellvertreterregelung (im Bedarfsfall mit entsprechenden Qualifizierungsplänen),
- die Frage, wie erreichbar die Mitarbeiter einer Abteilung für (interne oder externe) Kunden sein möchten, also bspw. wie lange das Telefon maximal klingeln darf, bevor jemand in der Abteilung es abnimmt und ob mit Blick auf die Erreichbarkeit im Schichtdienst gearbeitet wird oder nicht,
- die Frage, in welchen zeitlichen Abständen die Mitarbeiter einer Abteilung, bzw. die Abteilungsleiter eines Unternehmensbereichs oder die oberen Führungskräfte eines Unternehmens sich zum Informationsaustausch bezüglich des „Status Quo" treffen,
- das Strukturieren und Beschriften eines Lagers,
- das Errichten einer Infotafel für die Visualisierung der Arbeitsverteilung an die Maschinen eines Produktionsbereichs,
- das Erstellen standardisierter Schulungsunterlagen für neue Mitarbeiter,
- die Regelung des Abtransports bzw. der Wiederverwertung von Ausschuss,
- Standardisierung der Schichtübergabe und des Schichtberichts (inkl. To-Do-Liste),
- die flussorientierte Umgestaltung eines Montagebereichs,

- das Optimieren der Bevorratung von Ersatzteilen,
- und so weiter, und so weiter.

Nun stellt sich die Frage, wie man als KVP-Moderator die Mitarbeiter einer Abteilung methodisch beim Identifizieren von Verbesserungspotenzialen und Erarbeiten von Lösungen unterstützen kann.

3.1.2.2 Zwei wesentliche Hilfsmittel

Zwei wichtige Hilfsmittel

Von der großen Auswahl an Hilfsmitteln, die uns die Literatur zum Thema Moderation anbietet, sehe ich im Wesentlichen zwei Hilfsmittel als wirklich hilfreich an: die Problemlösungsstory und die Metaplan-Wand. Letztere dient als Arbeitsfläche für die freie Moderation. Beide Methoden werde ich nachfolgend darstellen. Über diese beiden Methoden hinaus wirkt stets auch der Maßnahmenplan strukturierend. Alle Maßnahmen, die nicht bereits während des KVP-Workshops umgesetzt wurden (was stets ideal wäre), finden sich am Ende des Workshops auf einem Maßnahmenplan, in dem klar geregelt ist, was von wem bis wann zu tun ist. Verliert man den Maßnahmenplan auch während des Workshops nicht aus den Augen, so leistet auch dieser auf dem Weg zu Lösungen und Maßnahmen einen Beitrag zu strukturiertem Vorgehen. Letztlich ist er aber nicht wirklich ein Hilfsmittel, sondern vielmehr das Ergebnis guter Moderation für alles, was während des Workshops nicht oder nicht vollständig umgesetzt werden konnte.

3.1.2.2.1 Die Problemlösungsstory

Problemlösungsstory

Dieser Weg zur Lösung von Problemen ist in drei Schritte aufgeteilt:

1. Problembeschreibung,
2. Analyse der Ursachen,
3. Festschreiben der Lösung.

Problembeschreibung

1. Zunächst bittet der Moderator die Teilnehmer darum, das Problem so zu beschreiben, wie es sich im Arbeitsalltag präsentiert:

„Wie zeigt sich das Problem in Ihrem Arbeitsalltag?"

Nahezu immer entbrennt daraufhin eine Diskussion um mögliche Lösungen. Dabei besteht für den Moderator die Aufgabe darin, die Teilnehmer zurück zur Beschreibung des Problems zu führen und die bei der Beschreibung zu Tage tretenden Fakten aufzuschreiben, beispielsweise an einem Flip-Chart.

Problemursachen

2. Im zweiten Schritt geht es dann darum, die Ursachen des Problems herauszuarbeiten:

„Warum ist dies ein Problem?"

Auch hier sind die Teilnehmer schnell bei möglichen Lösungen und der Moderator muss wieder zur Frage zurückführen. Oft ist auch nicht klar, ob es sich bei dem von den Teilnehmern als Ursache diskutierten Umstand tatsächlich um die Ursache handelt oder ob es lediglich ein Symptom für eine tiefer liegende Ursache ist. Dazu ein Beispiel: Im Rahmen eines Workshops in der Produktion wurde festgestellt, dass eine Maschine häufig stark verschmutzt ist. – Warum verschmutzt die Maschine? Weil Öl aus dem Filter tritt. Warum tritt Öl aus dem Filter? Weil die Filtermatten stark verschmutzt sind. Warum sind die Filtermatten verschmutzt? Weil sie nicht rechtzeitig gewechselt werden. Warum werden sie nicht rechtzeitig gewechselt? Weil es keinen Wartungsplan gibt. So ist die Ursache für die Verschmutzung der Maschine nicht das aus dem Filter tretende Öl, sondern das Fehlen eines Wartungsplans mit klaren Verantwortlichkeiten und festgelegten Intervallen. Hier ist der begleitende Moderator stark gefordert, gut zuzuhören und mit Blick auf die Frage, ob es sich um ein Symptom oder die tatsächliche Ursache handelt, immer wieder nachzufragen.

Problemlösung

3. Sind die ersten beiden Schritte (Beschreibung des Problems, Diskussion der Ursachen) gut getan, ist das Erarbeiten von Lösungsvorschlägen meist ein Kinderspiel:

„Was muss getan werden, um dies abzustellen?"

Es müssen einfach die Ursachen beseitigt werden. Interessanterweise sind dann oft genau die Mitarbeiter bereit, Verantwortung für die Umsetzung einer Maßnahme zu übernehmen, die sich am stärksten an der Diskussion der Ursachen beteiligt haben.

Beispiele

Beispiele für eine Problemlösungsstory:

1. Beschreibung: Wie zeigt sich das Problem im Arbeitsalltag?

* Informationen zum Thema X sind schlecht zu finden
* Viele Kollegen legen ihre Dateien unter selbst gewählten Dateinamen ab

2. Ursache: Warum ist das ein Problem?

* Es gibt keine eindeutige Ablagestruktur
* Es gibt keinen Standard für die Benennung von Dateien

3. Lösung: Was ist zu tun, um dies abzustellen?

Alle Beteiligten schaffen sich gemeinsam eine standardisierte Ablage sowie einen Standard für die Benennung von Dateien
➡ Erarbeiten einer Struktur an der Metaplanwand (siehe unten)
➡ Umsetzen im Abteilungslaufwerk / im unternehmenseigenen EDV-System

....

1. Beschreibung: Wie zeigt sich das Problem im Arbeitsalltag?

* Die Gänge sind mit Material zugestellt
* Viele Kollegen stellen ihren Kram gerade hin, wo's ihnen passt
* Wir müssen Umwege laufen
* Es besteht Stolpergefahr

2. Ursache: Warum ist das ein Problem?

* Der Materialfluss ist teilweise schlecht organisiert
* Und zum Teil ist der Materialfluss überhaupt nicht organisiert

3. Lösung: Was ist zu tun, um dies abzustellen?

Gemeinsam mit allen betroffenen Kollegen organisieren wir unseren Materialfluss neu

➡ Erarbeiten einer Lösung an der Metaplanwand (siehe unten)
➡ Umsetzen vor Ort im betroffenen Bereich

....

In allen drei Phasen kann man die Problemlösungsstory noch um Hilfsmethoden ergänzen, wie beispielsweise ein Fischgrät-Diagramm (auch genannt: Ishikawa- oder Ursache-Wirkungs-Diagramm). In den allermeisten Fällen halte ich dies jedoch nicht für nötig; aufmerksames Zuhören und präzises Nachfragen führt in der Regel zielgerichtet zum Kern des Problems und damit zur Lösung. Trotzdem möchte ich diese bekannte und vielerorts auch bewährte Methode der Problembeschreibung bzw. Ursachenanalyse nicht schuldig bleiben.

Fischgrät-Diagramm

Ein Fischgrät-Diagramm ist im Kern eine graphische Darstellung von Ursachen, die zu einem Ergebnis führen oder dieses maßgeblich beeinflussen. Wie unten abstrakt dargestellt, schreibt man zunächst das Ergebnis rechts an den „Kopf" des Fischgrät-Diagramms (in der Praxis: so detailliert wie möglich). Dann belegt man mehrere Hauptfischgräten mit Kategorien, beispielsweise Mensch, Methode, Material, Maschine, Umwelt. (Andere plädieren für die Kategorien: Mensch, Maschine, Milieu, Material, Methode, Messung.) Unabhängig davon, wie viele Hauptkategorien man wählt, gelten diese dann als Überschriften über problemspezifisch in der Diskussion zu ermittelnde Einflussfaktoren, die insgesamt die Ursache dafür sind, dass das Ergebnis nicht

Ishikawa-Diagramm / Fischgrät-Diagramm / Ursache-Wirkung-Diagramm

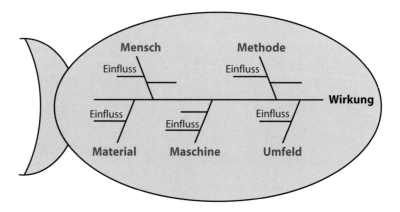

zufrieden stellend ist. Für die so ermittelten Einflussfaktoren gilt es Verbesserungen oder das Problem behebende Alternativen zu finden.

Mind-Mapping
Eine andere Form der Darstellung ist das so genannte Mind-Mapping. Eine „Mind-Map" wird erstellt, indem zunächst ein Problem möglichst genau formuliert in die Mitte einer Flipchart-Seite oder einer Metaplanwand geschrieben wird. Von dem Problem ausgehend werden dann die größeren Einflussfaktoren als Hauptlinien dargestellt. Dabei wird für jeden Einflussfaktor eine Linie verwendet. An diese Linien wiederum schließen sich in dünner werdenden Zweigen eine zweite und gegebenenfalls dritte oder sogar vierte Ebene von Einflussfaktoren bzw. Ursachen an.

Auch kann man eine „Mind-Map" zur detaillierten Beschreibung eines Problems oder zur Vergegenwärtigung von Zusammenhängen verwenden, dann mit dem Hauptthema in der Mitte, Unterthemen auf den Hauptlinien und weitere Unterthemen auf zweiter, dritter oder sogar vierter Gedankenebene – ähnlich wie in einem Buch Hauptkapitel und Unterkapitel beschrieben werden.

Mind-Mapping

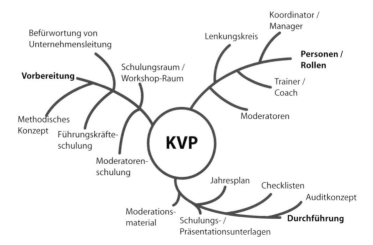

Unabhängig davon, ob man eine „Mind-Map" analysierend oder beschreibend verwendet, wird jeder Ast und jede Verästelung vom Mittelpunkt aus gelesen. Auf diese Weise kann man sich zu einem beliebigen Problem oder Thema rasch einen Überblick über Einflussfaktoren bzw. Ursachen oder Zusammenhänge verschaffen. Ausgehend von dem zentralen Thema können Leitfragen zum Beispiel sein: „Wer oder was hat einen Einfluss auf …?", „Warum ist das so?", „Was ist noch verbunden mit …?", „Welche Folgen hat …?", „Was ist noch nötig für …?" und so weiter.

3.1.2.2.2 Die Metaplanwand

Metaplanwand Das Hauptmedium eines Moderators ist und bleibt jedoch die Metaplanwand. Dabei handelt es sich um eine Pinnwand, auf der man mittels spezieller Nadeln und in der Regel rechteckiger (oder ovaler oder runder) Karten Ideen, Strukturen und Abläufe darstellen kann. Auf den Karten wird jeweils ein fest abgrenzbarer Inhalt vermerkt – eine Idee, ein Schritt in einem Ablauf oder ein Element einer Struktur. Das Ziel ist, möglichst eindeutig und einfach darzustellen.

Darstellung auf Metaplan-Wänden

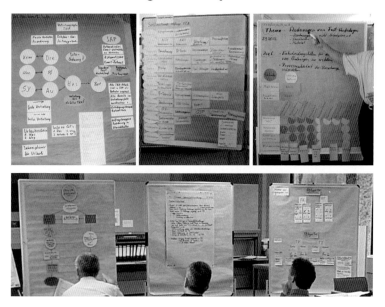

Und mit der Metaplanwand lässt sich wirklich viel darstellen. Schauen wir uns Beispiele an:

a) Brainstorming: Ideen sammeln und strukturieren

Brainstorming

Beim Brainstorming wird zunächst jede Idee auf einer Karte notiert und irgendwo auf der Metaplanwand hingehängt (Abbildung „Brainstorming 1"). Dann lassen sich die Karten leicht gemeinsam mit den Diskussionsteilnehmern gruppieren (Abbildung „Brainstorming 2") und auf diese Weise Zusammenhänge erkennen, wodurch entweder Probleme transparenter werden oder sich Lösungen und Maßnahmen herauskristallisieren.

Brainstorming 1 (Ideen sammeln)

Beispiele für den Einsatz von Brainstorming sind:
- Einflussfaktoren auf ein Problem sichten
- Sichtweisen auf ein Problem sammeln
- Elemente eines Problems erfassen
- Ideen zur Lösung eines Problems sammeln
- Kriterien einer möglichen Checkliste sammeln
- Probleme bei der Zusammenarbeit sichten
- ...

Man kann ein Brainstorming durchführen, indem man als Diskussionsleiter alle Zurufe notiert und an die Metaplanwand pinnt. Oder man gibt den Teilnehmern jeweils mehrere Karten und einen Stift in die Hand und bittet sie, ihre Ideen zu notieren und an die Wand zu pinnen. Die letztere Variante ist zwar wesentlich schneller in der Durchführung, birgt aber zwei Nachteile in sich: Erstens hat man nach der Ideensammlung meist wesentlich mehr Karten an der Wand als bei der erstgenannten Vorgehensweise. Das ist in diesem Fall nicht unbedingt ein Vorteil, weil das gemeinschaftliche Sortieren, um zum nächsten Schritt (Abbildung „Brainstorming 2") zu kommen, dann mitunter wesentlich länger dauert und inhaltliche Überschneidungen einzelner Nennungen nicht so offensichtlich sind, wie es der Fall ist, wenn die Themen unter unmittelbarer Begleitung durch den Moderator Schritt für Schritt gefunden werden. Und zweitens hat man bei einem Sammeln der Ideen durch die Teilnehmer keinerlei Lenkungsmöglichkeiten mehr, wie bestimmte Themen formuliert werden. Manchmal ist dies jedoch sehr hilfreich, weil schlicht nicht jeder Teilnehmer gleich gut formulieren kann. Und in seltenen Fällen kann es sogar von politischem Interesse sein, Probleme auf eine bestimmte Art zu formulieren, beispielsweise wenn das Ergebnis vor einem Management-Gremium präsentiert werden soll, dessen Mitglieder Kritik vielleicht nicht allzu direkt vor Augen geführt bekommen möchten. In solch einem Fall empfehlen sich bewusst diplomatische Formulierungen, auch bei der Beschreibung von Problemen. Damit ist nicht gemeint, Ehrlichkeit der Diskussionsteilnehmer zu unterbinden, sondern lediglich die Verträglichkeit der Formulierung für alle Adressatengruppen zu gewährleisten. Man hätte mit der unverhohlenen Herausstellung eines Problems nichts gewonnen, wenn die Entscheidungsträger dann einleitend zur entscheidenden Diskussion vor den Kopf gestoßen werden und abschalten oder oppunieren. Im Einzelfall spürt man, welche Art der Einbindung der Diskussionsteilnehmer in das Sammeln von Ideen die richtige ist. In jedem Fall geht es im zweiten Schritt darum, die gefundenen Themen und Ideen zu kategorisieren, um so einen besseren Überblick zu erlangen (Abbildung „Brainstorming 2").

Kategorien bilden

Brainstorming 2 (gefundene Ideen kategorisieren)

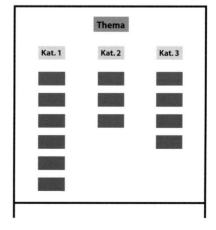

Wenn nun absehbar sein sollte, dass die erarbeiteten Kategorien weiter mit einer Problemlösungsstory zu bearbeiten sind, damit die Probleme gelöst werden können, dann bilden die Beschreibungen unter den jeweiligen Kategorien den Ausgangspunkt für die Analyse der Ursachen. Man kann also in der Problemslösungsstory unmittelbar mit dem Punkt „Ursachen" fortfahren.

b) Mehrere Sichtweisen: Analyse von Vorteilen und Nachteilen

Analyse von Vor- und Nachteilen

Wenn mehrere Sichtweisen aufeinander prallen und mittels Diskussion keine Lösung transparent wird, kann es helfen, zu den vorhandenen Alternativen alle Vor- und Nachteile aufzunehmen. Der damit entstehende Überblick hilft meist rasch, zu einer Entscheidung zu gelangen, welche Alternative sich für eine Umsetzung empfiehlt. Dann ist eine Weiterarbeit möglich.

Wenn zwei Ansichten aufeinander prallen

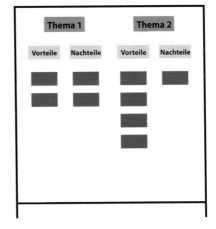

c) Lösungsvorschläge präsentieren

Lösungsansätze präsentieren

Manchmal ist sich eine Diskussionsgruppe einig, welchen Lösungsansatz sie gerne verfolgen würde, hat aber nicht die Verfügungsrechte über die benötigten Mittel und muss übergeordnete Führungskräfte um Entscheidung bitten. Dann ist es hilfreich, die vorhandenen Alternativen so knapp und übersichtlich wie möglich zu präsentieren. Dafür könnte sich die folgende Darstellung eignen. Nach der Entscheidung kann dann – je nach

Entwicklungsstand der ausgearbeiteten Vorschläge – verfeinert oder gleich umgesetzt werden.

Lösungsansätze präsentieren

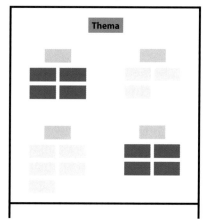

d) Strukturen darstellen

Strukturen dar-
stellen

Strukturen kann man beispielsweise darstellen, indem man links von oben nach unten die Oberkategorien (bspw. EDV-Ordner) auflistet und jeweils rechts neben jeder Oberkategorie die dazu gehörenden Unterkategorien (bspw. EDV-Datei, Dokumente).

Strukturen, bspw. Ablagestruktur/Ordnerstruktur

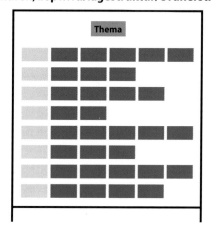

e) Darstellung von Abläufen

Abläufe darstellen und analysieren

Abläufe lassen sich mittels der Metaplanwand auf unterschiedliche Weise darstellen. In der ersten Abbildung ist ein Prozessverlauf mit zwei unterschiedlichen Optionen dargestellt. In der zweiten Abbildung sieht man die Darstellung des Prozesses an der linken Seite der Metaplanwand und neben jedem Prozessschritt die Analyse der mit dem jeweiligen Prozessschritt verbundenen Probleme. Hier wurde die Darstellung eines überschaubaren Prozesses unmittelbar mit einer Problemlösungsstory verknüpft.

Prozessdarstellung (Version mit zwei Optionen)

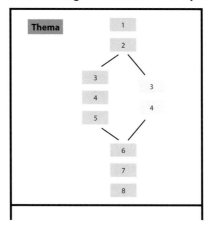

**Prozessverbesserung
(Beispiel mit Problemlösungsstory)**

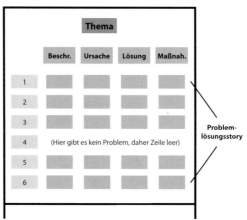

f) Matrixdarstellungen

Mittels Matrixdarstellungen lassen sich beispielweise Verantwortlichkeiten darstellen. Das klare Abgrenzen von Verantwortung kann sich zum Beispiel für zwei Geschäftsbereiche
anbieten, die in angrenzenden Märkten operieren und sich beim
Kunden nicht gegenseitig den Rang ablaufen sollen.

Oder man will Verantwortlichkeiten innerhalb einer Abteilung
eindeutig festlegen. In diesem Fall wäre es sinnvoll, auch gleich
eine Stellvertreterregelung festzulegen – nicht, dass am Ende
zwar die Verantwortlichkeiten für die Erfüllung aller Aufgaben
geklärt sind, im Falle der Abwesenheit des Verantwortlichen,
also während einer Dienstreise, während seines Urlaubs oder
im Krankheitsfall, erneut unklar ist, wer jetzt für die Umsetzung
bestimmter Aufgaben verantwortlich ist und die Arbeit liegen
bleibt. In der nachfolgenden Darstellung ist der Verantwortliche
mit einem X gekennzeichnet, der Stellvertreter mit (X). Nach
der Zuordnung von Verantwortung und der Vereinbarung einer
Stellvertreterregelung, sollten Verantwortliche und Stellvertreter gemeinsam dafür Sorge tragen, dass der Stellvertreter die
Aufgabe im Vertretungsfall auch ausführen kann, sprich: der
Verantwortliche sollte seinen Stellvertreter qualifizieren. Dafür
sind dann Inhalte und ein Zeitplan festzulegen.

Matrixdarstellung (Verantwortung, Stellvertreter)

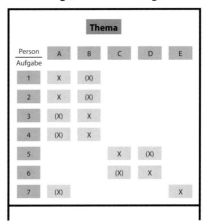

Ebenso, wie man Stellvertretungsverhältnisse mittels einer Matrixdarstellung abbilden kann, funktioniert es bei inhaltlich verwandten Problemen auch für favorisierte Problemlösungen – hier mit X gekennzeichnet – und deren Alternativen mit (X).

Matrixdarstellung (Entscheidung)

Thema

Problem / Lösung	A	B	C	D	E
1	X				
2		(X)			
3			X		
4		X			
5				(X)	
6				X	
7	(X)				X

3.1.3 Dritte Ebene: Der gesamte Prozess

Wer frühere Publikationen von mir kennt, der weiß, dass ich es gerne „lean" mag, also gerne mit möglichst wenig Aufwand zum Ziel komme. Sicher, es gibt viele renommierte und bewährte Methoden, wie beispielsweise Wertstromdesign, Makigami oder SIPOC aus dem Six-Sigma-Umfeld. Am einfachsten finde ich jedoch das Prozess-Mapping. So ist dies bei mir fast immer die Methode erster Wahl. Entsprechend empfehle ich, Prozess-Workshops nach dem folgenden Muster ablaufen zu lassen:

Methode erster Wahl: Prozess-Mapping

a) Vorgespräch

Problem vergegenwärtigen, Ziele festlegen

1. Problem vergegenwärtigen, Ziele festlegen: Was ist das Problem? Was möchten wir erreichen? Ein Ziel könnte zum Beispiel sein, Rückfragen und damit letztlich Nacharbeit zu minimieren, ein anderes, die Bearbeitungszeiten oder/und die Liegezeiten zu verringern und so den Durchsatz zum Kunden zu erhöhen. Weit verbreitet ist in diesem Zusammenhang der Wunsch, Ziele in Zahlen festzuschreiben. Erfahrungsgemäß macht dies jedoch nur in wenigen Fällen Sinn, denn bei genauem Hinschauen lassen sich viele Verbesserungen nicht wirklich präzise in Zah-

len abbilden (auf dieses heikle und strittige Thema gehe ich in Kapitel 5.1 nochmals ein). Am ehesten rentiert sich dies wohl bei industriellen Serien- und Massenprozessen.

Abgrenzen des Prozesses

2. Abgrenzen des Prozesses: Von wo bis wo möchten wir den Prozess betrachten? Vom Eingang des Kreditantrags bis zu dessen Bewilligung oder Ablehnung? Oder sollen auch die Beratungsgespräche der Kundenberater mit einbezogen werden? Von der Übergabe eines Auftrags seitens des Vertriebs an das Projekt-Management bis zur Inbetriebnahme einer Anlage? Oder wollen wir gar nicht so weit schauen und nur bis zur Einbindung des Einkaufs, des Wareneingangs, der Fertigungsplanung blicken? Oder wollen wir auch die Akquisition von Aufträgen mit betrachten?

Je nach Problemdefinition und Zielsetzung des Workshops wird dies mit Sinn und Verstand festgelegt. Oft ergibt sich die „Reichweite" des Workshops aus seiner Bezeichnung, zum Beispiel „Materialfluss von der Fertigung zur Montage" oder „Schnittstelle Vertriebsaußendienst/Vertriebsinnendienst".

b) Datenerhebung

Daten erheben

3. Prozessdaten erheben: Mit Beginn des Workshops sollten die Teilnehmer aus ihrem jeweiligen Bereich prozessrelevante Daten zur Verfügung haben, mindestens jedoch eine Aussage dazu machen können, wie lange sie für ihren Arbeitsschritt benötigen (Bearbeitungszeit) und wie lange ein Vorgang im Durchschnitt bei ihnen auf die Bearbeitung „wartet" (Liegezeit). In Produktionsbereichen ist dies tendenziell einfach auszuwerten. In Bürobereichen ist dies üblicherweise nicht elektronisch erfassbar. Daher lohnt es sich, über einen gewissen Zeitraum E-Mails auszuwerten, sprich: für jede E-Mail in einer Tabelle – beispielsweise halbtagesgenau – die Zeit zwischen Eingangsdatum und Beginn der Bearbeitung zu erfassen. Entsprechend ist mit Post und Hauspost zu verfahren.

Diesen Schritt empfehle ich in Unternehmen, die sich schwer damit tun, gänzlich auf Zahlen im Verbesserungsprozess zu verzichten, was natürlich noch mehr dem Gedanken von „lean" entsprechen würde. Die Vor-Erhebung kann helfen nachzuverfolgen, wie sich das Unternehmen verbessert. Sie kann aber auch einer unproduktiven Zahlenzählerei Tür und Tor öffnen. So muss sich jedes Unternehmen selbst einschätzen und entscheiden, wie es im Rahmen eines Verbesserungsprozesses mit dem Thema Zahlen und Controlling umgehen möchte (vgl. Kapitel 5.1).

c) Workshop

Prozess darstellen

4. Prozess auf Metaplanwänden darstellen (Prozess-Mapping): Die Leitfragen lauten: „Wer macht was?" bzw. „Was geschieht als nächstes?" Vor dem Hintergrund dieser Fragen werden von oben nach unten auf großen Post-It-Zetteln schrittweise die teilnehmenden Abteilungen aufgelistet (Wer). Von links nach rechts werden die jeweiligen Tätigkeiten aufgeführt (Was). Wenn es mit Blick auf die Analyse des Prozesses sinnvoll ist, werden bei dieser Erhebung des Ist-Zustands Bearbeitungszeiten und Liegezeiten der sich im Prozess befindenden Informationen und Materialien erfasst.

Probleme markieren und benennen

5. Probleme markieren und am Flip-Chart kurz benennen: Im Anschluss an die Darstellung des Prozesses oder durchaus auch parallel zu der Darstellung des Prozesses benennen die Teilnehmer die Problemfelder, die mit je einem roten Zettel oder einem Blitz gekennzeichnet und unter fortlaufender Nummer mit wenigen Worten möglichst genau auf einem Flip-Chart beschrieben

Prozess-Mapping

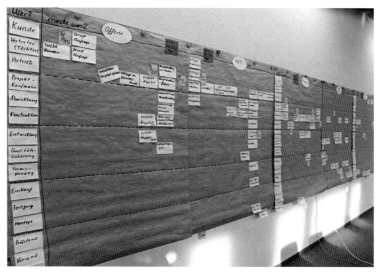

werden. Liegen Zweifel vor, ob die gefundenen Problemfelder die tatsächlichen Probleme sind, geht die Gruppe kurz vor Ort und läuft diesen Teilprozess Schritt für Schritt ab.

Beim kurzen Benennen der Probleme am Flip-Chart ist es wichtig, die Probleme wirklich nur zu benennen und nicht Ziele zu formulieren oder gar vermeintliche Lösungen aufzuschreiben. Ebenso wichtig ist es, darauf zu achten, dass die Probleme so benannt werden, dass man auch nach drei Monaten noch weiß, was das benannte Problem umfasst. Ich habe schon beobachtet, dass die Beteiligten bereits wenige Stunden nach der Problembenennung während der weiteren Bearbeitung erneut diskutierten, weil sie wegen einer zu unpräzisen Benennung nicht mehr genau wussten, was gemeint war. Beispielsweise ist „Informationen nicht rechtzeitig verfügbar" als Problembeschreibung viel zu ungenau, denn bei der Vielzahl der Themen, die im Verlauf einer Prozessanalyse diskutiert werden, weiß bereits nach kurzer Zeit kaum noch einer, um welche Informationen es sich in diesem Fall genau handelt und wer die betroffenen Bereiche sind – selbst wenn im Moment der Diskussion während des Workshops bei den Teilnehmern Einigkeit und Klarheit darüber vorherrscht, was gemeint ist. Eine präzisere Problembeschreibung wäre beispielsweise: „Information X wird oft nicht zeitnah von Abteilung A an Abteilung B geliefert."

Über die Jahre habe ich die Erfahrung gemacht, dass es sinnvoll ist, die Schritte 4 und 5 – wie schon angedeutet – zusammenzufassen, denn oft ist den Teilnehmern nach stundenlangem Darstellen eines komplexen und langen Prozesses und den damit einhergehenden Diskussionen, welcher Arbeitsschritt denn auf welchen folgt, nicht mehr in Erinnerung, an welchen Stellen es Probleme, Unklarheiten oder Meinungsverschiedenheiten gab. Jedoch erfordert das Zusammenlegen der beiden Schritte höchste Aufmerksamkeit vom Moderator, der dann zwischen zwei Aufgaben sozusagen hin und her springen muss, nämlich dem Vorantreiben der Prozessdarstellung einerseits und dem aufmerksamen Zuhören andererseits, ob und wo es Unklarheiten und Verbesserungsbedarfe im Prozess gibt. Das erfordert einiges an Erfahrung.

6. Probleme nach Nutzen und Aufwand bewerten: Ist die Liste der Prozessprobleme am Flip-Chart mit fortlaufenden Nummern geschrieben, gilt es, die Probleme nach Nutzen und Aufwand zu bewerten. Auf eine päpstlich genaue Bewertung wird dabei verzichtet. Unter Begleitung des Moderators entscheiden die Teilnehmer entweder nach dem Verhältnis von Liege- und Bearbeitungszeiten oder schlicht im Rahmen einer kurzen Diskussion, wie viel Nutzen von der Lösung eines bestimmten Problems zu erwarten ist und wie viel Aufwand aller Voraussicht nach mit der Behebung des Problems verbunden sein wird. Dabei wird verständlicherweise dem internen Kunden des analysierten Prozesses besonders gut zugehört.

In praxi sieht es dann so aus, dass der Moderator die Teilnehmer anhand eines Nutzen-Aufwand-Charts zunächst fragt, wie sie den Nutzen für das Unternehmen einschätzen, wenn ein bestimmtes Problem behoben wäre. Dann fragt er die Teilnehmer, wie hoch sie den Aufwand für das Beheben dieses Problems einschätzen. Das Ergebnis der Bewertung wird mit der fortlaufenden Nummer des Problems im Chart vermerkt. So kommen die Teilnehmer Schritt für Schritt zu einem Gesamtüberblick über Nutzen und Aufwand aller gefundenen Problemfelder.

Die Probleme mit hohem Nutzen und geringem Aufwand werden vorrangig bearbeitet. Dann werden die Probleme mit hohem Nutzen und hohem Aufwand in Angriff genommen und schließlich auch noch die Probleme, die zwar wenig Nutzen mit sich bringen, deren Behebung aber auch nur wenig Aufwand

Bewertung nach Nutzen und Aufwand

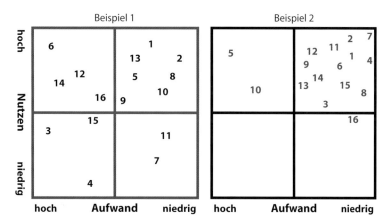

verursacht. Interessanterweise ist es oft der Fall, dass eine Viel-zahl von Problemen gefunden wird, für deren Lösung der Auf-wand als gering, der Nutzen jedoch als hoch eingeschätzt wird (siehe beispielhaft rechtes Chart in der Abbildung). In diesen Fällen stellen wir fest, dass wir uns das Arbeitsleben oft unnötig schwer machen und den Mitarbeitern eigentlich nur etwas Zeit zur Verfügung gestellt werden muss, um die Probleme zu lösen.

Probleme bear-beiten und lösen

7. Bislang haben wir den Prozess analysiert, die Problemfelder identifiziert, kurz beschrieben und gewichtet. Nun können wir uns daran machen, die ausgewählten Probleme zu bearbeiten und zu lösen. Die Lösungen sind dabei so vielfältig wie das Arbeitsleben selbst. Sie reichen von einfachen Vereinbarungen über Checklisten und Formulare (oder deren Abschaffung) bis hin zu komplexen Reprogrammierungsarbeiten unterneh-mensinterner EDV-Systeme. Der Weg zur detaillierten Lösung liegt dabei in den unter 3.1.2 dargestellten Methoden. Ich persönlich favorisiere an dieser Stelle eine Kombination von zunächst Problemlösungsstory und dann entweder der direkten Umsetzung oder ggf. der zuvor noch durchzuführenden Struktu-rierung/Detaillierung auf einer Metaplanwand.

Soviel zum Thema Methoden. Ja, das ist eine knappe Auswahl. Zwar habe ich in meinen vielen Jahren als KVP-Moderator und Ausbilder von KVP-Moderatoren wesentlich mehr Methoden und die dazu gehörenden „Schulen" in ihrer Breite und Tiefe kennenlernen dürfen. Jedoch habe ich in all den Jahren nie mehr verwendet, als ich hier beschrieben habe. So wüsste ich keinen Grund, warum ich Ihnen ruhigen Gewissens mehr Text zu diesem wenngleich wichtigen Thema anbieten sollte.

Was ist ein gutes Workshop-Er-gebnis?

Abschließend zu diesem Kapitel über Methoden möchte ich noch kurz auf die Frage eingehen, was denn nach einem kon-struktiven Einsatz von KVP-Methoden ein gutes Workshop-Er-gebnis ist? Dies richtet sich vielleicht eher an die Führungskräfte unter den Lesern: Ein gutes Ergebnis ist, wenn es erreicht wurde, einen Prozess zu verbessern. So sollten die Hürden für Wert-schätzung seitens der Führungskräfte eine angemessene und nicht unerreichbare Höhe aufweisen, damit Mitarbeiter motiviert bleiben, wiederkehrend an Verbesserungsaktivitäten teilzuneh-men und Verantwortung für die Umsetzung von Maßnahmen zu

Auch kleine Schritte nach vorne sind Lob wert

übernehmen. Anders ausgedrückt: Auch ein kleiner Schritt nach vorne ist ein Lob wert!

3.2 Die Kunst der strukturierten Gesprächsführung

Kein Erfolg ohne strukturierte Gesprächsführung

Ja, Methoden zum Visualisieren und Strukturieren von Ideen und Lösungsansätzen sind wichtig, um Diskussionen zielorientiert führen zu können. Die Grundvoraussetzung für den erfolgreichen Einsatz aller dargestellten Mittel und Methoden ist meiner Erfahrung jedoch, zu keinem Zeitpunkt das Ziel aus den Augen zu verlieren, mit der Diskussion ein Ergebnis erreichen zu wollen. Auf den ersten Blick hat diese Aussage fast den Charakter einer nichtssagenden Phrase, erscheint eine gewisse Zielorientierung doch so selbstverständlich, dass man sie eigentlich überhaupt nicht erwähnen müsste. Aller Erfahrung nach erfordert es in der Praxis jedoch einiges an Weitsicht und Konsequenz, das Ziel nicht aus den Augen zu verlieren. Ein Beispiel:

Ein Beispiel

Es ist ein KVP-Workshop geplant, weil sich Kunden darüber beschwert haben, dass sie wiederkehrend Arbeitsergebnisse in unterschiedlicher Qualität erhalten haben. Die Vorgehensweise des KVP-Moderators:

1. Ein Vorgespräch zur ungefähren Beschreibung der Situation und zur Zielsetzung des Workshops führen

2. Als ersten Schritt im Workshop Punkt für Punkt alle Tätigkeiten erfragen, die für diesen Prozess relevant sind und darstellen (Prozess-Mapping)

    Während der KVP-Moderator das tut, hat er bereits im Hinterkopf, dass der nächste Schritt sein wird, die Probleme zu erfragen, die an dem jeweiligen Prozessschritt auftauchen bzw. nach der Handhabung der einzelnen Prozessabschnitte zu fragen.

3. Prozessprobleme bzw. unterschiedliche Handhabung der einzelnen Prozessschritte erfragen

    Dabei hat der KVP-Moderator bereits im Hinterkopf, dass der nächste Schritt sein wird, alle gefundenen

Probleme von den Diskussionsteilnehmern nach Nutzen und Aufwand gewichten zu lassen.

4. Probleme von den Teilnehmern nach Nutzen und Aufwand gewichten lassen

   Dabei hat der KVP-Moderator bereits im Hinterkopf, dass der nächste Schritt sein wird, alle Probleme gemäß gewichteter Reihenfolge mittels Problemlösungsstory von den Workshop-Teilnehmern analysieren und Lösungen ausarbeiten zu lassen.

5. Erste Problemlösungsstory durchführen (Zuerst das Problem beschreiben lassen, dann Ursachen erörtern lassen, dann Lösungsvorschlag ausarbeiten lassen)

   Dabei hat der KVP-Moderator bereits im Hinterkopf, dass der nächste Schritt sein wird, gemeinsam eine entsprechende Maßnahme festzulegen, mit klarer personeller Verantwortung und einem festen Datum, bis wann die Maßnahme umgesetzt sein wird.

6. Maßnahme festlegen

   Dabei hat der KVP-Moderator bereits im Hinterkopf, dass der nächste Schritt sein wird, eine Problemlösungsstory für das nächste Problem der gewichteten Liste durchzuführen.

7. Nächste Problemlösungsstory durchführen

   Dabei hat der KVP-Moderator bereits im Hinterkopf, dass der nächste Schritt sein wird, wieder gemeinsam eine entsprechende Maßnahme festzulegen.

8. ...

   Bei der letzten Problemlösungsstory hat der KVP-Moderator bereits im Hinterkopf, dass der nächste Schritt sein sollte, möglichst viele der definierten Maßnahmen noch innerhalb des Workshops umzusetzen, damit der Prozess möglichst rasch besser läuft und der Kunde wieder zufrieden wird.

9. Umsetzung, ggf. in kleinen Gruppen

    Während die ersten Maßnahmen umgesetzt werden, hat der KVP-Moderator im Hinterkopf, dass der nächste Schritt sein sollte, die neue Vorgehensweise in einer Arbeits- oder Verfahrensanweisung festzuschreiben, damit auch die nicht am Workshop beteiligten Kollegen kurz und bündig informiert werden bzw. neue Mitarbeiter später möglichst einfach eingearbeitet werden können.

10. Gegebenenfalls Ausarbeitung einer Vorgehensweise, wie nicht anwesende Betroffene informiert und für die neue Vorgehensweise gewonnen werden sollen.

Als Moderator stets mindestens einen Schritt voraus denken und gleichzeitig aktiv die Diskussion führen

Auf den Punkt gebracht: Um eine Workshop-Diskussion zum Erfolg zu führen, muss der KVP-Moderator nicht nur eine passende Methode auswählen sowie das Gesamtziel und den Zeitrahmen im Blick behalten, sondern während der Diskussion auch stets mindestens einen Schritt voraus denken. Das klingt im Prinzip einfach. Als Herausforderung erweist sich jedoch, bei all dem permanenten Blick auf den jeweils nächsten Schritt und das Gesamtziel, niemals die aktuelle Diskussion zu verlassen, sondern diese aktiv und achtsam zu führen – ein zuweilen ordentlicher Spagat, der nie unterschätzt werden sollte.

Die Kunst der strukturierten Gesprächsführung nochmals ganz anders zusammengefasst könnte man es auch so darstellen: Eine Diskussion zum Ziel zu führen, ist ganz einfach, wenn man der Gruppe zunächst durch den Einsatz einer Methode oder durch eine gezielte Frage einen Impuls gibt, sie sozusagen auf die Spur setzt …

→ dann beiseite tritt und die Gruppe laufen lässt – und dabei dafür sorgt, dass sich die Diskussionsteilnehmer gegenseitig zuhören und ausreden lassen, dass niemand das Thema zerredet und so dem Thema Substanz nimmt

→ den Diskussionsteilnehmern im Bedarfsfall erneut einen Impuls gibt bzw. durch gezielte Fragen die Richtung der Diskussion korrigiert

→ dann wieder beiseite tritt und die Gruppe „laufen" lässt

→ ... bis ein Ergebnis vorliegt, das alle Diskussionsteilnehmer mit tragen

Diskussionen möglichst strukturell führen

Damit dies reibungsfrei funktioniert, dies wurde im Rahmen der Diskussion der Neutralität des Moderators bereits verdeutlicht, sollte der Moderator weitgehend auf inhaltliche Impulse bzw. Lösungsvorschläge verzichten. Stets viel passender als inhaltliche Impulse sind solche Fragen, die dazu dienen, die Diskussion zu strukturieren, wie beispielsweise:

- Was spricht dafür, was dagegen?
- Wie wollen Sie entscheiden?
- Haben wir einen wichtigen Aspekt vergessen?
- ...

Und falls man den Faden verliert...

Zum Abschluss dieses Kapitels über Gesprächsführung möchte ich noch kurz zwei einfache Hilfestellungen für den Fall anbieten, dass man als Moderator einmal den Faden verliert:

Ist man als Moderator vielleicht einmal für einen Moment unaufmerksam gewesen, findet man rasch zurück, indem man freundlich eine die Diskussion führende Frage stellt, bspw. „Kann man das, was Sie gerade ausgeführt haben, irgendwie knapp auf den Punkt bringen?" oder (wenn Sie mit Metaplankarten oder Post-It-Zetteln arbeiten) „Das klingt gut. Könnten Sie das so zusammenfassen, dass es auf dieses Kärtchen passt?".

Und sollte man als Moderator einmal den Faden verlieren, weil die Beiträge der Diskussionsteilnehmer fachlich so tiefgründig sind, dass man ihnen nicht mehr ganz folgen kann, hilft es, die Diskussion laufen zu lassen und sie dabei ganz bewusst strukturell zu führen, indem man insbesondere auf Schlüsselwörter achtet:

- Beispiel 1
  Ein Teilnehmer äußert: „... weil ...“
  Sie: „Okay. Ist das die Begründung? Wie sehen es die anderen?“

- Beispiel 2
  Ein Teilnehmer äußert: „Eigentlich müsste man nur ...“
  Sie: „Okay. Klingt plausibel. Sehen das alle anderen auch so?“

- Beispiel 3
  Ein Teilnehmer äußert: „Man könnte auch ...“
  Sie: „Okay. Klingt gut. Wie finden die anderen diese Alternative?“

3.3 Positivismus als mögliche Stütze, wenn keine Methode zu greifen scheint

Der Positivismus ist eine Strömung der Philosophie die im 19. Jahrhundert ihren Höhepunkt hatte. Er orientiert sich am Gegebenen, Tatsächlichen und betrachtet die Bedingungen unter denen bestimmte Tatsachen auftreten, indem er diese Tatsachen nach den Prinzipien der Ähnlichkeit und der Aufeinanderfolge verknüpft. So lassen sich zwei wesentliche Erkenntnisse formulieren:

- Vergleiche führen zu Begriffen bzw. Kategorien.
- Abfolgen weisen auf Regel- bzw. Gesetzmäßigkeiten hin.

Wenn man vor lauter Bäumen den Wald nicht sieht ...

Wenn man als Moderator in einem Workshop vielleicht vor lauter Bäumen einmal den Wald nicht mehr sieht, dann können diese beiden Erkenntnisse dabei helfen, gemeinsam mit den Teilnehmern das Dickicht von Gegebenem (bspw. Merkmalen, Problemen, Lösungsansätzen, Vorteilen/Nachteilen) so zu strukturieren, dass die Themen danach wieder methodisch bearbeitet werden können. Die passenden Fragen lauten:

- Was unterscheidet A von B und C und D?
- Was folgt auf was? Ist das immer so?

Und falls man Zweifel an den so ermittelten Erkenntnissen bzw. der so gefundenen Struktur hat, kann man für jede einzelne Erkenntnis bzw. für jedes einzelne Strukturelement ganz einfach nochmals die Gültigkeit überprüfen, indem man verifizierend nachfragt: Warum?

Also:

- Was unterscheidet A von B? Warum?
- Was folgt auf was? Ist das immer so? Warum?

4 Für unsere Arbeit mit Menschen: Einblicke in Verhaltensweisen und -ursachen, Kommunikation und Gruppenaspekte

Kommen wir nun zu Themengebieten, die für gute Moderation ganz wesentlich sind: Verhaltensweisen und deren Ursachen, Kommunikation und Gruppenaspekte.

Ja, eine politische Wegbereitung für unser KVP-Programm, wie eingangs dargestellt, ist unerlässlich. Und auch die gute Vorbereitung von Workshops ist wichtig, ebenso wie die Auswahl und der Einsatz passender Methoden. Für den Moderator steht und fällt der Erfolg meiner Erfahrung nach jedoch mit der Frage, ob er sich auf sein Klientel einzustellen und alle Teilnehmer im Rahmen des Workshops adäquat einzubeziehen vermag. Dafür hilft es sehr, wenn man Menschen in ihren Handlungsweisen versteht. So werden wir im Rahmen dieses Kapitels einen intensiven Blick auf Verhaltensweisen und Verhaltensmotive werfen – aufbauend auf einer dafür grundlegenden Diskussion des Begriffs „Symptom".

Wesentlich für gute Moderation: Der passende Umgang mit Menschen

Daran anschließend werde ich das Thema Kommunikation aufgreifen, zunächst Kommunikation im Allgemeinen, dann im Speziellen Verbalsprache und Körpersprache. Kenntnisse in letzterer ermöglichen es dem Moderator, auch Unausgesprochenes zu verstehen und passend mit in Workshop-Diskussionen einfließen zu lassen. Die Diskussion der Kommunikation ergänzend werde ich schließlich auf verschiedene Gruppenaspekte von KVP-Workshops eingehen – ausgehend von der Frage, welche Phasen eine Gruppe im Zuge ihrer Entstehung durchläuft über Vor- und Nachteile eines starken gruppenbezogenen Wir-Gefühls, die Rahmenbedingungen von Gruppendiskussionen und den Umgang mit Konfliktsituationen bis hin zu der Frage, ob starke Unternehmenskulturen einen Prozess kontinuierlicher Verbesserung unterstützen oder diesem im Wege stehen.

4.1 Symptome

Als Einstieg in die „weichen" Aspekte der Moderation von KVP-Workshops und als Grundlage für die nachfolgenden Kapitel zu Verhaltensweisen, Kommunikation und Gruppenaspekten möchte ich den Begriff des Symptoms erarbeiten, denn unabhängig davon, ob wir als KVP-Moderator Prozesse analysieren oder Verhalten von Workshop-Teilnehmern einschätzen müssen: wegweisend sind immer Symptome. Folglich hilft es uns, wenn wir ein klares Verständnis davon haben, was ein Symptom ist, unter welchen Bedingungen es entsteht und wie stabil es ist.

Symptome sind Wegweiser

Um auf die damit aufgeworfenen Fragen Antworten bieten zu können, möchte ich im ersten Schritt einen nicht ganz alltäglichen Vergleich bemühen: Verhaltensverbesserung durch Therapie verglichen mit Prozessverbesserung durch KVP-Workshops. Dieser Vergleich wird uns zum Begriff des Symptoms hinführen. Darauf aufbauend werde ich zeigen, welche Arten von Symptomen es in Unternehmen gibt und warum Symptome – individuelle Verhaltenssymptome ebenso wie Prozesssymptome – in der Regel sehr stabil sind. Diese Stabilität werde ich mit der Darstellung eines Modells aus der Psychoanalyse und anhand eines konkreten Beispiels aus der Arbeitswelt verdeutlichen. Anhand dieses Beispiels wird am Ende deutlich, welch wertvolle Hilfe ein KVP-Workshop bei der Beseitigung ungewünschter Prozesssymptome bietet und wie entscheidend es dabei für den Erfolg ist, ob der Workshop gut oder schlecht moderiert wird, sprich: ob es dem Moderator gelingt, sich auf die Individualität der Teilnehmer einzustellen oder nicht. Dafür Unterstützung zu bieten, ist Gegenstand der dann nachfolgenden Kapitel zu Verhaltensweisen, Kommunikation und Gruppenaspekten.

4.1.1 Ein hilfreicher Vergleich: Ziele und Inhalte einer psychologischen Behandlung, Ziele und Inhalte in einem Verbesserungsprozess

Klinische Psychologie

In der klinischen Psychologie haben sich aufbauend auf den Grundlagenstudien von Sigmund Freud drei Vorgehensweisen etabliert: die Verhaltenstherapie, die Gesprächstherapie und die Psychoanalyse.[3] Das Ziel der Verhaltenstherapie besteht in der Änderung einer in dieser Ausprägung nicht gewünschten Verhaltensweise. Die Gesprächstherapie vermittelt darüber hinaus Einsichten in das eigene Verhalten und eine entsprechende

---

3 Vgl. Sieland 1996.

Orientierung. Mit der Psychoanalyse werden Fähigkeiten vermittelt, die es den Betroffenen im besten Fall ermöglichen, sich fortan selbst zu analysieren und darauf aufbauend die eigenen Bedürfnisse passend in den Kontext von Anforderungen seitens der Umwelt zu integrieren sowie Entscheidungen dabei bewusst und selbstbestimmt zu treffen. Im Fokus aller drei Methoden stehen Verhaltensauffälligkeiten bzw. Verhaltenssymptome, die bei der Behandlung wegweisend sind.

Prozess-verbesserung

Vergleichbar dazu sind aufbauend auf den Studien zur Arbeitseffizienz von Frederick Taylor im Verlauf des vergangenen Jahrhunderts mannigfach Management-Methoden und -Moden zur Verbesserung von Arbeitsabläufen entstanden. Zu nennen sind Business-Process-Reengineering, Kaizen, TPM, Six-Sigma und viele andere. Auch hier besteht das Ziel in der Veränderung unbefriedigender Zustände, konkret: in der Verbesserung von Informations- und Materialflüssen bzw. in der Reduzierung von Kosten. Im Fokus sind meist bestimmte Kategorien, beispielsweise Ausschuss, Fehler, Rückfragen, Suchaufwand, Bestände, Maschinenausfälle usw. In der Regel gibt die jeweilige Methode vor, nach welchen Kategorien gesucht wird. Oder anders ausgedrückt: Die Methode gibt vor, nach welcher Kategorie von Symptomen gesucht wird.

Sowohl Thera-peuten als auch Prozessverbesse-rer suchen nach Symptomen

Somit ist festzustellen, dass sowohl Prozessverbesserer als auch Therapeuten basierend auf ihren jeweiligen Zielen kategorisch gesehen nach demselben suchen: nach Symptomen, nach Auffälligkeiten. Und für beide geht es darum, Menschen dabei zu begleiten, wie sie die Symptome entweder durch bessere Lösungen ersetzen oder deren Ursachen aufspüren und auflösen.

Widmen wir uns nun der Frage, was ein Symptom ist, welche Arten von Symptomen wir im Unternehmen finden und warum diese in der Regel recht stabil sind.

4.1.2 Was ist ein Symptom? Und warum sind Symptome so stabil?

Symptom: Aus-wirkung einer Ursache

Ganz allgemein betrachtet ist ein Symptom eine Auswirkung einer Ursache. In Unternehmen kann diese Ursache entweder bei einer einzelnen Person liegen oder auch in größeren Wirkverbünden. Entsprechend kann die Auswirkung begrenzt sein oder weitreichenden Einfluss haben und im Extremfall den Erfolg des gesamten Unternehmens bestimmen:

Symptome bei einzelnen Mitarbeitern

- Herr A hat Schwierigkeiten, Leistungen anderer anzuerkennen.
- Frau B sammelt Daten über den Bedarf hinaus, kontrolliert gerne alles und jeden.
- Herr C fängt viele Aufgaben an und bringt diese nur mit Mühe zu Ende.
- Frau D stellt oft individuelle Bedürfnisse von Kollegen über die Belange des Unternehmens.
- Herr E hat Schwierigkeiten in Kontaktsituationen und reagiert oft schroff.

Symptome im Unternehmen

- Arbeitsanforderungen zum Thema X sind oft unvollständig.
- Informationen und Materialien für Produkt Y kommen oft zu spät.
- Der Eingang von fehlerhaftem Material bleibt hin und wieder unentdeckt.
- Vor der Auslieferung des Produkts Z an Kunden fehlen häufig Teile und es kommt zu Lieferverzug.
- Immer wieder kommt es zu Rückfragen.

Symptome sind in der Regel nicht gewollt

Sowohl bei individuellen Verhaltensweisen als auch bei gesamten Arbeitsabläufen kann es also verschiedenste Symptome geben. Diese sind in der Regel weder von den Verursachern noch vom Umfeld entlang des entsprechenden Geschäftsvorgangs wirklich gewollt. Daher müssten die Symptome eigentlich leicht zu beheben sein – was uns schließlich zu der Frage führt, warum Symptome in der Regel dennoch recht stabil sind und sich den Betroffenen bzw. dem Unternehmen nicht einfach „abgewöhnen" lassen? Die Antwort auf diese Frage ist einfach, wenn auch erklärungsbedürftig: Weil jedes Symptom von den Beteiligten sozusagen festgehalten wird.

*Das Instanzen-
modell*

Zur Herleitung dieser Aussage möchte ich das so genannte In-
stanzenmodell von Sigmund Freud heranziehen.[4] Dieses besteht
aus den Instanzen *Es*, *Über-Ich* und *Ich* (siehe nächste Abbildung).
Das *Es* ist ein dynamischer Antrieb, der durch einen Wunsch
repräsentiert wird. Das *Über-Ich* ist ein parallel dazu existierendes
Regelwerk. Auf individueller Ebene kann dieses Regelwerk bspw.
aus Vorstellungen von Moral bestehen, auf der Ebene eines
gesamten Unternehmens bspw. aus formellen Verhaltensregeln,
wie sie in Arbeits- und Verfahrensanweisungen zu finden sind.
Das *Ich* steht zwischen Wunsch und Regelwerk, als Entschei-
dungsinstanz. Unter Einbezug von *Es* und *Über-Ich* entscheidet
das *Ich* in jedem Einzelfall, inwieweit es dem jeweils aktuellen
Wunsch nachgibt beziehungsweise wie weit Regeln über den
Wunsch dominieren und ihn gegebenenfalls unterdrücken
dürfen.

*Symptome wer-
den von Es und
Ich festgehalten*

Am Ende wird jede einzelne Entscheidung sowohl vom *Es* als
auch vom *Ich* festgehalten. Vom *Es* wird die Entscheidung festgehalten, weil es ein Interesse daran hat, den Wunsch so, wie dies
im Entscheidungsprozess mit den anderen Beteiligten arrangiert
wurde, ausleben zu können. Vom *Ich* wird die Entscheidung festgehalten, weil das *Ich* ein Interesse daran hat, nicht erneut in den
Widerstreit zwischen *Es* und *Über-Ich* eintreten und schlichten zu
müssen. Das Ergebnis dieses Entscheidungsprozesses ist dann in
einigen Fällen ein wahrnehmbares Symptom, eine individuelle
Verhaltensauffälligkeit oder, wenn wir dies auf ein größeres sozi-
ales System mit mehreren Beteiligten anwenden, eine Auffälligkeit im System, bspw. im Unternehmen.

*Das Instanzen-
modell*

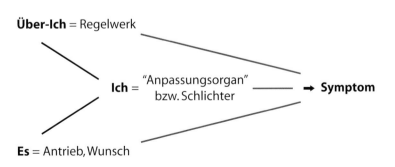

4   Vgl. Elhardt, 2005, 32ff.

Eine individuelle Verhaltensauffälligkeit, das Arbeitsgebiet der klinischen Psychologie, entsteht letztlich, wenn ein Mensch einen starken Wunsch dauerhaft nicht wenigstens zufrieden stellend ausleben kann. Das Verhaltenssymptom ist dann eine Art wiederkehrende Ersatzhandlung, die das zurückgewiesene Ausleben des eigentlichen Wunsches kompensieren soll. Ähnlich entsteht eine Auffälligkeit im Unternehmen, nämlich wenn der Entscheidungsprozess, wie das Unternehmen mit diversen Impulsen seitens der Systemmitglieder oder der Umwelt umzugehen versucht, damit endet, dass alle Beteiligten einen eigentlich ungewollten und unproduktiven Ablauf festhalten, um sich nicht wiederkehrend streiten zu müssen. Zu abstrakt? Ein konkretes Beispiel für ein solches Symptom aus der Arbeitswelt:

Ein Beispiel

Herr X, ein Mitarbeiter mit viel Berufserfahrung in einem Bürobereich eines großen Unternehmens, bestimmt beständig nach eigenem Dafürhalten, wie er Informationen an den nächsten Bearbeitungsschritt weiterreicht. Er begründet dies mit seinem Wunsch nach einem gewissen Maß an Selbstbestimmtheit und mit dem Wunsch, seine langjährige Berufserfahrung adäquat einbringen zu wollen (*Es*). Jedoch gilt für jeden Mitarbeiter der Abteilung, in der Herr X beschäftigt ist, ein verbindlicher Arbeitsstandard für das Aufbereiten von Informationen (*Über-Ich*). Nach Monaten der Diskussion sind es sowohl die Kollegen innerhalb derselben Abteilung als auch die der nachgeordneten Abteilung leid, mit Herrn X Diskussionen zu diesem Thema zu führen, so dass sich das Arbeitsumfeld von Herrn X dazu „entschieden" hat (*Ich*), lieber immer wieder Nacharbeit zu der Arbeit von Herrn X zu leisten, als wiederkehrend mit ihm zu diskutieren. Dieses Symptom ist letztlich stabil, weil es fixiert wird, einerseits durch das Bedürfnis nach Selbstbestimmtheit und individueller Nutzung des eigenen Erfahrungsschatzes seitens Herrn X (*Es*) und andererseits durch die kompensierenden Handlungen des Umfeldes (entschieden durch das *Ich*). Das Symptom (beständige Nacharbeit) ist nicht zufrieden stellend.

4.1.3 Wie gehen wir im betrieblichen Alltag mit Symptomen um? Professionell moderierte Workshops als Lösung

Verweis auf bestehende Regeln und Androhen disziplinarischer Maßnahmen sind meist untaugliche Mittel

Die Frage ist nun, wie wir im betrieblichen Alltag mit solchen oder anderen Symptomen umgehen. Das gängigste Handlungsmuster ist, auf die bestehenden Regeln zu verweisen und regelkonformes Verhalten einzufordern. Aber in unserem Beispiel haben die anderen Beteiligten dies bereits genügend oft getan haben, bevor es letztlich zur Fixierung des Symptoms kam. Also verspricht dieser rationale Ansatz nicht wirklich zu nachhaltigem Erfolg zu führen. Einen weiteren Lösungsansatz bietet der hierarchische Weg, Macht auszuüben und mit disziplinarischen Maßnahmen zu drohen. Dies verspricht jedoch nur dann zur nachhaltigen Veränderung des Verhaltens von Herrn X zu führen, wenn er befürchten muss, dass sein Verhalten letztlich vor einem Arbeitsgericht diskutiert werden könnte. Dies ist eher selten der Fall.

Workshop als Lösung

Folglich bleibt als Option, den Arbeitsablauf konstruktiv und gemeinsam mit allen Beteiligten zu diskutieren. Das Ziel besteht nun nicht darin, Herrn X erkennen zu lassen, dass die existierende Arbeitsanweisung der richtige Weg sei, sondern vielmehr darin, das Thema in seiner Gesamtheit zu analysieren und Einsichten zu schaffen – im Rahmen eines professionell begleiteten Diskurses, der, so eigenartig dies für manchen klingen mag, bestimmten Therapieformen ähnelt. In diesem Diskurs werden:

- Symptome besprochen,
- Einsichten in die Probleme gewonnen und
- die Symptome durch gute, Orientierung gebende und von allen Beteiligten akzeptierte Standards ersetzt.

Oftmals tritt dann interessanterweise zutage, dass dem beständig andersartigen Handeln eines Herrn X nicht Ignoranz und Sturheit zugrunde liegen, sondern vernünftige Gedanken, Handlungsantriebe und Erfahrungswerte, von denen das gesamte System profitieren kann, indem es die Bereitschaft zeigt, bestehende Standards weiter zu entwickeln anstatt auf deren Existenz zu verweisen oder diese gar mit disziplinarischer Gewalt durchsetzen zu wollen. Auch wird mit einem solchen Diskurs dem vielfach vorzufindenden Wunsch nach mehr Selbstbestimmtheit genüge getan, indem alle Betroffenen bei der Weiterentwicklung bestehender Standards aktiv eingebunden sind und deren Neugestaltung mitbestimmen können – Kreativität beim Finden passender Standards statt bei der späteren Arbeit. Und – falls es sich um ein abteilungsübergreifendes Thema handelt – erhalten die Teilnehmer als dritten (Neben-)Effekt einen breiten und tiefen Einblick in den entsprechenden Gesamtablauf – Prozessverbesserung einerseits und Sinnfindung im Kontext des Gesamtprozesses andererseits.

Eigenschaften der Moderatoren

Damit das Ergebnis eines solchen Workshops nachhaltig gelebte Standards sein können, ist es meiner Erfahrung nach wichtig, dass Moderatoren (wie schon unter 2.1.4 herausgestellt):

- fokussiert sind (dafür sorgen, dass die Diskussion zu einem Ergebnis führt, das besser ist als der Ausgangspunkt der Diskussion),
- neutral sind (bei den Diskussionen nicht parteiisch sind),
- dennoch in der Lage sind, Impulse und einen roten Faden zu bieten (also ein klein wenig von dem zu bearbeitenden Thema verstehen),
- im Sinne des so genannten „herrschaftsfreien Diskurses" für einen respektvollen und sachlichen Umgang miteinander sorgen und
- jeden Teilnehmer adäquat mit einbeziehen (z. B. „Alpha", „Advocatus Diaboli", „stilles Mäuschen" etc.).

Kurze Zusammenfassung dieses Kapitels

An dieser Stelle seien nun die Erkenntnisse dieses Kapitels kurz zusammengefasst: In Menschen wie auch in gesamten sozialen Systemen – wie bspw. einem Unternehmen – gibt es eine Art Spannungsverhältnis zwischen einerseits Wünschen und andererseits Regeln oder Umweltanforderungen. Wenn dieses Spannungsverhältnis nicht zufrieden stellend aufgelöst werden kann, entsteht ein Symptom. Solche Symptome sind dann Gegenstand von Verbesserungsbemühungen. Im klinisch-individuellen Bereich spricht man dabei von Therapie oder Psychoanalyse, im Unternehmen kommt es zu Verbesserungsprojekten. Für den Erfolg ist jeweils entscheidend, dass der Prozess professionell geführt und begleitet wird.

Um unternehmerische Verbesserungsprojekte wie zum Beispiel KVP-Workshops professionell begleiten zu können, hat es sich als sehr hilfreich erwiesen, wenn die Begleiter nicht nur in methodischen Fragen geschult sind, sondern darüber hinaus auch etwas von Verhaltensweisen und deren Ursachen verstehen sowie von Kommunikation und Gruppen. Diese Themen sind Gegenstand der folgenden Kapitel.

4.2 Verhaltensweisen und -ursachen

Prozessprobleme haben oft auch soziale Ursachen

Wie das obige Beispiel von „Herrn X" andeutet, haben Prozessprobleme häufig nicht nur technische sondern auch soziale Ursachen. Deshalb sind viele KVP-Workshops davon gekennzeichnet, dass unterschiedliche Sichtweisen so zusammengeführt werden müssen, dass am Ende nicht nur die bestmögliche Leistung für den Kunden steht, sondern dass darüber hinaus keiner der Beteiligten das Gefühl hat, mit seiner Sicht der Dinge, seinen Erfahrungen und seinen Ideen auf der Strecke geblieben zu sein. Erst wenn es gelingt, dies zu erreichen, hat das Ergebnis des KVP-Workshops eine Chance, nachhaltig von allen Beteiligten „gelebt" zu werden.

Als Herausforderung begegnet uns dabei, dass wir es im Rahmen von Workshops stets mit Individuen zu tun haben, deren Sichtweisen und Handlungsmotive nicht nur von dem sie gegenwärtig umgebenden System, in diesem Fall dem Unternehmen, dessen Verfahrens- und Arbeitsanweisungen, geprägt sind, sondern auch von völlig eigenen Erfahrungen. Beispielsweise wird man einen in der Tendenz an klaren Regeln orientierten Menschen nicht mit der Aussicht auf harmonischeres Miteinander gewinnen und einen ausgesprochenen Menschenfreund nicht mit der Aussicht auf ein eindeutiges Gefüge von Handlungsorientierungen.

Möglichst die Handlungsmotive aller Teilnehmer berücksichtigen

Daher sollte es uns als Moderatoren mit Blick auf das KVP-Workshop-Ziel, den Informations- und Materialfluss zu verbessern, nicht nur gelingen, die betrieblichen Notwendigkeiten zu beachten, sondern ebenso die individuellen Handlungsmotive der Teilnehmer zu erkennen und im Rahmen unserer Moderation so zu berücksichtigen, dass letztlich jeder Teilnehmer motiviert ist, an der Erarbeitung einer Lösung aktiv mitzuwirken. Dafür Unterstützung zu bieten, ist das Ziel dieses Kapitels.

Dies vor Augen und ebenso mit Blick auf die Fülle möglicher individueller Sichtweisen und Standpunkte, die es im Rahmen von Workshops zusammenzuführen gilt, werde ich eine etablierte Typisierung darstellen, die hilft, Workshop-Teilnehmer in ihrer Individualität wahrzunehmen und zu verstehen: das Typenmodell der modernen Psychoanalyse. Dieses Modell unterscheidet *Fünf Typen* die fünf Grundtypen Narzissmus, Zwänge, Hysterie, Depression und Schizoidie.[5]

Typ für Typ werden wir uns der Frage widmen, wie er in Erscheinung tritt. Wegweisend sind dabei die Verhaltenssymptome – zunächst im Generellen, dann mit Blick auf das Arbeitsleben und schließlich mit Fokus auf dem Gruppenverhalten sowie dem verbal- und körpersprachlichen Kommunikationsverhalten des jeweiligen Typs. Kurzum: Es geht für uns darum, mit welchen Schwächen und Stärken wir als Moderator umgehen müssen. Die Basis jedes Typs ist ein bestimmtes Angstmuster, das eingangs der Darstellung jedes Typs aufgezeigt wird.

Die Grundtypen sind keine Schubladen Betonen möchte ich, dass die fünf darzustellenden Typen keineswegs „Entweder-Oder-Schubladen" sind. Bei jeder detaillierten Verhaltensanalyse ist festzustellen, dass eine Person mehrere Strukturen in sich trägt; meist sind es zwei oder drei – und diese in stets völlig individueller Ausprägung, bedingt durch die individuelle Lebensgeschichte der Person. So sind die folgenden Darstellungen als Darstellungen so genannter Idealtypen zu verstehen, also mit der grundlegenden Frage im Hinterkopf, wie sich ein bestimmter Typ in Reinkultur präsentieren würde. In der Wirklichkeit hingegen werden wir den jeweiligen Typ stets abgeschwächt finden, in Kombination mit Komponenten einer oder mehrerer der anderen hier dargestellten Verhaltensweisen.

Den Darstellungen der fünf Grundtypen nachfolgend werde ich dann darauf eingehen, wie wir dieses Wissen über Verhaltensweisen im Rahmen eines KVP-Workshops konkret nutzen können. Und für die Interessierten gehe ich schließlich auch kurz

---

5   Vgl. Kernberg 1995, Riemann 2002.

auf die Frage nach den Ursachen für die verschiedenen Verhaltensweisen ein, wodurch auch Zusammenhänge vermeintlich völlig unterschiedlicher Strukturen deutlich werden.

4.2.1 Ein Typenmodell zur Beschreibung von Verhalten

4.2.1.1 Narzissmus

Narzissmus

Die Angst des Narzissten ist die Angst vor Wertlosigkeit, die Angst davor, nicht ernst genommen zu werden. Das allgemeine Erscheinungsbild des Narzissten ist von einer Art wettbewerbsmäßigem Zusammenspiel zwischen einerseits Minderwertigkeitsgefühlen und andererseits Selbstüberschätzung gekennzeichnet. Um seine Minderwertigkeitsgefühle nicht wahrnehmen zu müssen, versucht der Narzisst ständig Größter, Bester, Einziger, Vorgezogener zu sein: „Niemand darf besser sein als ich." Im Zuge dessen ist der Narzisst sehr empfänglich für eine Verwechslung von Haben und Sein. Oft werden „große Dinge" zur Regulierung des Selbstwertes angeschafft und hergezeigt. Zu anderen Menschen baut der Narzisst keine wirkliche Beziehung auf. Als so genannte narzisstische Spiegel werden andere im Dienste der Nährung des eigenen Größen-Selbst ausgebeutet – entweder sie bestätigen das eigene Supermann-/Superfrau-Konzept, oder sie werden fallen gelassen. Anerkennung ernten andere für deren Leistungen oder materielle Errungenschaften nur, wenn diese irgendwie auch zur Aufwertung der eigenen Person herangezogen werden können.

Die starke Abhängigkeit von seinem Umfeld macht den Narzissten sehr kränkbar. Steht keine Person zur Verfügung, die seine Selbstüberschätzung nährt, drohen die Minderwertigkeitsgefühle Oberhand zu gewinnen. Und selbst wenn Personen als narzisstische Spiegel zur Verfügung stehen, erzeugt die Abhängigkeit von diesen Spannung, denn einerseits giert der Narzisst nach Anerkennung, andererseits kann bzw. darf er die ersehnte Anerkennung nicht vollständig annehmen, weil er dann akzeptieren müsste, dass andere über mindestens eine anerkennungswürdige Eigenschaft verfügen, über die er selbst nicht verfügt: Leistungen anderer anerkennen zu können. Im intellektuellen Bereich führt die tief verwurzelte Angst davor, nicht Erster,

Einziger, Vorgezogener zu sein, oft zu Erkenntnisdiebstahl; Ideen oder Lösungen anderer werden als die eigenen ausgegeben.

Im Arbeitsleben

Der Narzisst im Arbeitsleben ...
- duldet keine Widersprüche,
- duldet keinen Zweifel an seinen Auffassungen bzw. Entscheidungen,
- hat stets die „beste" Lösung,
- hört sich gerne reden,
- giert nach Erfolg, in dem er sich sonnen kann,
- beutet seine Mitarbeiter und Kollegen aus,
- hat Schwierigkeiten positives Feedback zu geben,
- projiziert eigene Misserfolge auf andere,
- idealisiert Mitarbeiter und Kollegen, die die eigene Auffassung teilen,
- und verteufelt jene, die dies nicht tun,
- hat nur oberflächliches Einfühlungsvermögen in soziale Probleme der Kollegen, Mitarbeiter, Abteilung und des gesamten Unternehmens,
- nutzt Teamarbeit nicht bzw. nutzt das Potenzial der Mitarbeiter nicht, aus Angst, die Kollegen bzw. Mitarbeiter könnten besser sein und das eigene Supermann-/Superfrauselbstverständnis beschmutzen,
- ist oft oberflächlich, sowohl emotional als auch bei den Arbeitsinhalten,

ABER:

- ist stark leistungsorientiert und
- ist oft Impulsgeber für Innovationen.

Gruppenver-halten

Das Gruppenverhalten des Narzissten ist meist gekennzeichnet von einem stetigen Kampf um Führerschaft und Anhänger. Kommunikativ tritt er in Erscheinung als Vordergrundsmensch, der stets dafür sorgt, dass jedem seine Beiträge zum Erfolg bekannt sind. Seine eigenen Leistungen kann er denen anderer nicht unterordnen, es sei denn er hat damit Teil an noch mehr Größe. Körpersprachlich tritt der Narzisst oft betont aufrecht und erhaben auf. Zuweilen suggeriert er sich auch dadurch Größe und Überlegenheit, dass er in seiner Haltung (beim Gehen, Stehen,

Sitzen) oder mit Bewegungen bewusst von dem abweicht, was die Gruppennorm im jeweiligen Moment vorgibt.

4.2.1.2 Zwänge

Zwänge

Die Angst des Zwanghaften ist die Angst vor Kontrollverlust. In vielen Fällen kann man diese Angst vor Kontrollverlust auch beschreiben als Angst vor Veränderung, als Angst vor Vergänglichkeit oder als Angst vor eigenen, zurückgewiesenen Sehnsüchten, die wiederkehrend danach drängen, ausgelebt zu werden. Das allgemeine Erscheinungsbild des Zwanghaften manifestiert sich in einem Streben nach Sicherheit und in einer Wertschätzung jeglicher Form von Regel und Ordnung.

Das Streben nach Sicherheit betrifft oft dingliche Sicherheit, was dazu führt, dass Zwanghafte gerne von allem noch etwas Reserve haben – Extra-Kleidung, Extra-Arbeitsmittel, Extra-Geld. Es könnte ja etwas passieren, und dann ist man froh, wenn man auf diese Reserve zurückgreifen kann. Die Extra-Dinge werden aber nicht angerührt, denn damit würde man sie der Vergänglichkeit zuführen und die (Lebens-)Sicherheit aufgeben, für die sie stehen. Ein solches „Aufbrauchen" von Dingen – und sei es nur ansatzweise – würde vom Zwanghaften wie „ein bisschen Sterben" erlebt.

Als primärem Schutz vor Kontrollverlust jedoch dienen dem Zwanghaften Regeln. Dabei leben zwanghafte Menschen in einem fortwährenden Kreislauf aus Regeln und Zweifel. Bestehende Regeln führen für sie zum Zweifel, ob Handlungen, die sich aus diesen Regeln ergeben (könnten), richtig oder falsch sind und ob die bestehenden Regeln ausreichen, um die Ordnung aufrecht zu erhalten – nach dem Motto: Wenn schon ein Bild schief hängt, was kann da nicht noch alles in Unordnung geraten. Mit diesem anhaltenden Zweifel nähren die Betroffenen dann ihren ausgeprägten Wunsch, Kontrolle über Handlungen und deren Auswirkungen zu erlangen. Und so streben sie nach immer neuen, präziseren, umfassenderen Regeln – deren Wirksamkeit jedoch stets grundsätzlich bezweifelt wird. Begleitet wird dieser Kreislauf aus Liebe zu Regeln und Zweifel an deren Wirksamkeit von zeitraubenden Kontrollhandlungen, die nicht selten zu einer Lähmung des Handlungsflusses und zum

Erdrücken von Vitalität und Sinnlichkeit führen. Die eigenen Sehnsüchte werden dabei als Bedrohung erlebt, sie könnten den Betroffenen überwältigen und ihm so die Kontrolle über sein Leben rauben. Dieses Erdrücken von Vitalität und Sinnlichkeit betrifft oft nicht nur das eigene Dasein, denn mittels Regeln und Ordnung versuchen zwanghafte Menschen zuweilen nicht nur Kontrolle über ihre eigene Lebenssituation zu erlangen, sondern darüber hinaus auch über ihr Umfeld, das in seiner vergleichsweisen Regellosigkeit als unsicher und bedrohlich erlebt wird. Regeln jedoch, die ein zwanghafter Mensch trotz seines tief verwurzelten Zweifels einmal für richtig befunden hat, sind ihm größtenteils „heilig"; das Wie einer mit diesen Regeln verbundenen Handlung ist ihm dann wichtiger als das Warum. So sind zwanghafte Menschen häufig nicht Nutzer von Regeln, sondern ihr Sklave.

Der Wunsch nach Kontrolle führt für zwanghafte Menschen zur Ablehnung jeglicher Art von Wandel, denn neben dem oben erwähnten „Aufbrauchen" von Dingen manifestiert sich auch im Wandel Vergänglichkeit – zunächst die Vergänglichkeit von Regeln und damit als unmittelbare Folge die Vergänglichkeit von Sicherheit. Daher wäre ein Anerkennen von Vergänglichkeit für zwanghafte Menschen gleichbedeutend mit dem Aufgeben von Lebenssicherheit. So wird Wandel von zwanghaften Menschen immer wie ein Hauch von Tod erlebt. Um dem vorzubeugen, strebt der Zwanghafte nach Zementierung und Perfektion – beides gepaart mit dem Streben nach einem Gefühl innerer Symmetrie, die sich ihrerseits auf mannigfaltige Weise in der äußeren, dinglichen und handlungsmäßigen Lebensorganisation der Betroffenen widerspiegelt. Das Perfektionsstreben führt darüber hinaus zu viel Wissen, aber auch zu einer Neigung zur Rechthaberei.

Im Arbeitsleben   Der Zwanghafte im Arbeitsleben ...
- will bestehende Regeln möglichst nicht verändern,
- zweifelt an der Wirksamkeit anstehender Veränderungsmaßnahmen,
- tut sich mit Entscheidungen schwer, wenn diese innovative Aspekte beinhalten,
- grübelt über längst entschiedene Veränderung,

- lähmt gelegentlich den Arbeits- bzw. Entscheidungsprozess,
- hemmt im Unternehmen Innovationspotenzial,
- sammelt und hortet Material (auch solches, das er nie
  mehr benötigen wird),
- verfügt gerne über möglichst viele Informationen,
- hat gerne Reserven (man weiß ja nie ...),
- ist oft rechthaberisch,

ABER:

- hält Ordnung,
- ist diszipliniert und verlässlich,
- plant,
- ist verbindlich und loyal,
- ist bei seiner Arbeit sehr genau und
- ist oft Experte in seinem Gebiet.

**Gruppenver-
halten**

Das Gruppenverhalten zwanghafter Menschen ist meist durch ein starkes Streben nach Macht und Kontrolle und damit nach Führungspositionen bzw. kontrollierenden, Resumeé ziehenden Tätigkeiten gekennzeichnet. Ihr Streben nach (auch) intellektueller Kontrolle macht zwanghafte Menschen oft zu anerkannten Spezialisten. Motiviert durch ihre spezifischen Ängste treten sie jedoch oft auch als Zweifler und Bremser in Erscheinung und lähmen damit ganze Gruppen im Fortkommen. Ihr gesamtes Kommunikationsverhalten zeigt sie als jemanden, der immer darauf bedacht ist, dass alles „richtig" gemacht wird, als Pedanten, der nicht spontan sein kann und der nicht genießen und in diesem Sinne auch nicht „loslassen" kann. Körpersprachlich treten zwanghafte Menschen oft mit Haltungen in Erscheinung, die gerade, aufrecht und in jeder Hinsicht „korrekt" (den Regeln entsprechend) sind. Ihr Gang wirkt meist kontrolliert und spiegelt, wie auch die Haltung, ihre innere Steifheit wider. Ein weiteres körpersprachliches Indiz für das Streben nach Korrektheit ist das Vorhandensein auffällig schmaler bzw. gepresster Lippen, die darauf hinweisen, dass Aussagen oft mit Nachdruck zurückgehalten werden, weil der oder die Betroffene zweifelt, ob die Aussage, die sozusagen an der Schwelle zur Äußerung steht, auch wirklich richtig und fehlerfrei ist und nicht mit einer bestehenden Regel oder als gesichert geltenden Erkenntnis kollidiert.

Und auch ein Schnurrbart kann im Kontext mit anderen hier dargestellten Merkmalen Indiz für den Hang zu (Selbst-)Disziplin und Regeln sein.

4.2.1.3 Hysterie

Hysterie

Die Angst des Hysterikers ist die Angst vor Endgültigem. Sein allgemeines Erscheinungsbild ist von einem Streben nach Freiheit gekennzeichnet: Freiheit von allem und nicht zu etwas. Jegliches Festlegen erlebt er als Begrenzung von Freiheit. So möchte der Hysteriker am liebsten auch frei von der Last sein, verbindliche Entscheidungen für seine Zukunft treffen zu müssen – er lebt im Hier und Jetzt. Damit ist er einerseits sehr spontan und kontaktfreudig, andererseits aber auch unverbindlich. Weil er sich keine langfristigen Ziele setzt und solche auch nicht aktiv verfolgt, wirkt er zuweilen etwas unstabil. Von außen betrachtet erscheinen seine Handlungen in der Gesamtheit meist als planlos aktiv, als Hin und Her, als Zick-Zack. Man könnte auch sagen, er lebt in einer Art „Gummiwelt", die von ihm im Bedarfsfall in jede Richtung soweit wie gerade nötig gedehnt werden kann.

Im Arbeitsleben

Der Hysteriker im Arbeitsleben ...
- hat Schwierigkeiten, sich auf Einzelaufgaben zu konzentrieren,
- ist stets an allem interessiert, führt Aufgaben jedoch meist nur mühsam zu Ende,
- trifft eine Fülle von Zusagen, die er nicht einhalten kann und die er entsprechend auch nicht einhält,
- hat oft (zu) viele Projekte,
- tut sich schwer, Entscheidungen zu treffen,
- hat Schwierigkeiten, sich in vorgegebene Abläufe einzufügen,

ABER:

- hat oft viele Bündnisse im Unternehmen,
- ist sehr gut informiert,
- ist empfänglich für Veränderungsimpulse und
- ist oft kreativ.

Gruppenver- *halten*	Das Gruppenverhalten hysterischer Menschen ist von Unverbindlichkeit und Spontaneität gekennzeichnet. Der Hysteriker erscheint „bunt". Durch seine Kontaktfreudigkeit hat er viele Kontakte, oft sogar „Verbündete". In der Kommunikation mit Hysterikern fällt auf, dass sie leichtfertig Zusagen abgeben, sich aber unterm Strich trotzdem nie wirklich festlegen. In ihren Bewegungen unterstreichen sie ihre Spontaneität. Dabei wirken sie zuweilen Raum ergreifend und manchmal großzügig, auch mit unerwarteter Gestik.

4.2.1.4 Depression

Depression	Die Angst des Depressiven ist die Angst vor Objektverlust (Objekt in der klinischen Psychologie = Bezugsperson). Diese Angst vor Bezugs- bzw. Kontaktverlust wird aus dem Selbstverständnis des Depressiven genährt, im Grunde nicht liebenswert zu sein. Das Ergebnis ist das Erscheinungsbild eines Menschen mit ausgeprägtem Harmoniestreben, der sich bereitwillig unterordnet und dessen Handlungen – geprägt von Gefühlstiefe – größtenteils nach außen gerichtet sind: Das Du ist wichtiger als das Ich. Um Bezugsobjekte zu verpflichten oder gar an sich zu ketten, nehmen Depressive nicht selten eine leidende Opferhaltung ein, die dann auch zur (Selbst-)Entbindung von Pflichten eingesetzt wird. Entsprechend fremd sind dem Depressiven selbstständiges Handeln und Initiative. Verstärkend kommt hinzu, dass der Depressive an ihn gerichtete Erwartungen seiner Umwelt bzw. seines Umfeldes oft als überfordernd erlebt. So wird der Leidende insgesamt zur Last für sein Umfeld – das ihn dann nach einer Weile meist nicht mehr als Opfer, sondern als Täter erlebt, jedoch nur selten so behandelt. Das Selbstkonzept eines im Grunde nicht liebenswerten Menschen und die daraus folgende Unterordnung unter die Interessen anderer führt für den Depressiven dazu, dass er es nicht vermag, sich am reich gedeckten Tisch der Möglichkeiten zu bedienen und einfach zuzugreifen; man könnte ja jemandem etwas wegnehmen. Dies, wie auch jeglichen anderen Konflikt, gilt es zu vermeiden. Keinem Bezugsobjekt soll ein Grund geboten werden, sich zu entziehen.
Im Arbeitsleben	Der Depressive im Arbeitsleben … • ist stets auf Harmonie bedacht, • mag lieber Teamarbeit als Einzelarbeiten,

- ist meist ein Ja-Sager,
- versucht, wenn Konflikte nicht zu schlichten sind, diese in ihrer Bedeutung herunter zu spielen,
- übernimmt von sich aus keine Verantwortung oder eigene Projekte,

ABER:

- kann bei Konflikten Impulse für eine Einigung stiften und
- kann durch sein Harmoniestreben zu einer guten Stimmung beitragen.

Gruppenver-
halten

Das Gruppenverhalten depressiver Menschen ist durch Streben nach Zugehörigkeit sowie durch Harmonieorientierung gekennzeichnet. Wichtiger als die fachliche Qualität einer Lösung ist dem Depressiven die Stimmungslage zur Lösung. Wenn Depressive in Kommunikationssituationen nicht nur als Zustimmer auftreten, verstehen sie es oft zu schlichten – wirken dabei jedoch nicht selten den Konflikt zudeckend anstatt zu dessen Klärung beizutragen. In ihrem Streben nach Kontakt machen Depressive auffallend oft Gesprächsangebote. Körpersprachlich sind Depressive Mitmenschen ruhig – mit oft leiser Stimme, zuweilen einer gebeugten, sich selbst unterordnenden Haltung und einem auffallend ruhigen bzw. zurückhaltenden und wenig Raum beanspruchenden Gang.

4.2.1.5 Schizoidie

Schizoidie

Die Angst des Schizoiden ist die Angst vor Nähe, vor dem Überflutetwerden von Gefühlen. In Einzelfällen reicht dies bis zu einer Angst vor Ausgeliefertsein. So ist das allgemeine Erscheinungsbild des Schizoiden geprägt von einem starken Unabhängigkeitsbedürfnis: Ich hier, Du da. Situationen die von Nähe gekennzeichnet sein könnten, werden als bedrohlich erlebt. In solchen Situationen stellen Schizoide oft abrupt Distanz her und erscheinen dabei manchmal taktlos.

Geprägt von einem Leben in Kontaktarmut sind Schizoide unsicher im Beurteilen von Verhalten. Die Angst des Schizoiden, es könnte irgendwo ein Gefühl darauf lauern, ihn zu überwältigen, führt für ihn zu ständigem Misstrauen. Ihr Unabhängigkeitsbedürfnis und ihre Kontaktarmut führen für viele Betroffene zu einem Gefühl von Liebesunfähigkeit, innerer Leere und Sinnlosigkeit. Einigen gelingt es jedoch, diese Leere durch eine Art Fernkontakt zum Leben zu füllen, beispielsweise durch eine sehr theorielastige Tätigkeit, die dem Betroffenen dann Lebenssinn vermittelt. Das Selbsterleben des Schizoiden ist darüber hinaus von Angstfreiheit gekennzeichnet; er ist zu weit von seinen Gefühlen entfernt, um seine Ängste wahrnehmen zu können. Die Identität des Schizoiden ist, wenn nicht durch seine Tätigkeit stabilisiert, instabil, weil Kontakte oft wechseln und von Oberflächlichkeit gekennzeichnet sind.

Arbeitsleben

Der Schizoide im Arbeitsleben ...
- hat wenig Bezug zu anderen Menschen,
- ist unnahbar,
- gilt zuweilen als „schroff",
- hat nur oberflächliches oder theoretisches Einfühlungsvermögen in soziale Probleme der Kollegen, Mitarbeiter, Abteilung und des gesamten Unternehmens,

ABER:

- kann sich mit Engagement Einzelaufgaben widmen,
- ist oft ein guter Theoretiker und
- ist oft ein Tüftler.

Gruppenverhalten

Das Gruppenverhalten schizoider Menschen ist von Zurückgezogenheit und Distanziertheit geprägt. Gruppenarbeit geht er lieber aus dem Weg; Einzelkontakte sind für ihn schon konflikthaft genug, die dabei erlebte Distanz bzw. Nähe zum anderen jedoch etwas kontrollierbarer als in einer Gruppe. Generell ist alles, was ihm dient, Distanz zwischen sein eigenes Sein und die Gefühlswelt anderer Menschen zu bringen, willkommenes Mittel zum Zweck. Entsprechend erscheint seine Körpersprache: distanziert. In der Kommunikation wirkt er nüchtern und bringt sein Expertenwissen kurz und ohne Ausschweife ein.

4.2.2 Wie gehe ich mit den einzelnen Typen im Workshop um?

So einfach dies nun nach all den Ausführungen klingt: Geben Sie jedem, was er will – ohne die anderen dabei einzuschränken. Und genau in Letzterem liegt die Kunst. Wenn Sie dem Narzissten seine Bühne geben, nach der er sich so sehr sehnt und Sie ihm die Anerkennung für seine Ideen aussprechen, damit er sich weiter konstruktiv in das Verbesserungsprojekt einbringt, so darf dies den Zusammenhalt der Gruppe und das zielorientierte Fortkommen nicht behindern. Die Liebe des Zwanghaften für Regeln findet sich in jedem auf einem KVP-Workshop festgelegten Standard wieder und er wird sich an der Entstehung eindeutiger Regeln erfreuen. Die so gefundenen Standards dürfen aber nur so detailliert und „steif" sein, wie es der Situation und dem Problem angemessen ist. Die Kreativität eines hysterischen Teilnehmers kann sehr fruchtbar auf die Lösungsfindung wirken – jedoch nur, wenn auch irgendwann der Punkt kommt, an dem ein Lösungsansatz festgeschrieben wird. Das Harmoniestreben eines depressiven Workshop-Teilnehmers kann in Konfliktsituationen verbindend wirken – darf aber nicht zum Selbstzweck ausarten. Und das Expertenwissen eines schizoiden Teilnehmers kann für das Finden der bestmöglichen Lösung der Schlüssel sein – es will ihm aber entlockt werden und gegebenenfalls schroffe oder gar beleidigend wirkende Äußerungen gegenüber anderen Workshop-Teilnehmern wollen vom Moderator relativiert werden, um den Gruppenfrieden und die Einsatzbereitschaft der anderen Teilnehmer nicht zu gefährden.

So ganz einfach ist unsere Aufgabe als KVP-Moderator also nicht. Das Wissen um die fünf dargestellten Handlungsmuster hilft uns dabei, das Verhalten von Workshop-Teilnehmern im Einzelfall besser zu verstehen, auf jeden Workshop-Teilnehmer einzugehen und dafür zu sorgen, dass alle Teilnehmer zielorientiert an Lösungen arbeiten.

Und auch im Umgang mit Führungskräften zahlt es sich aus, gezielt auf den Menschen eingehen und ihn „abholen" zu können, anstatt mit KVP-Methodenwissen auf ihn einzureden und so beim Versuch des Überzeugens letztlich an seinen Bedürfnissen vorbei zu reden.

4.2.3 Warum sind Menschen wie sie sind?

In den Fällen, in denen ich im Rahmen von Moderatorenschulungen das Thema „Verhaltensweisen" derart vertiefe wie in den Kapiteln 4.1 und 4.2 dieses Buches, besteht meist auch großes Interesse an der Frage, wie die dargestellten Verhaltensstrukturen denn entstehen. Und so möchte ich den Interessierten auch hier eine Antwort auf diese Frage nicht schuldig bleiben. Weil dieses Buch jedoch nicht den Themenkreis Verhaltensursachen, sondern die Voraussetzungen für gute KVP-Moderation fokussiert, möchte ich diese Antwort kurz halten.

These: Der Mensch ist die Summe seiner Erfahrungen

Erkenntnisleitend für die Frage nach den Ursachen für Verhalten ist die Freudsche These: Der Mensch ist die Summe seiner Erfahrungen. Diese Erfahrungen beginnen mit dem ersten Lebenstag, so dass im Einklang mit Freuds Grundlagenstudien heute drei wesentliche Entwicklungsphasen unterschieden werden: die orale Phase (0 bis ca. 1½ Jahre), die anale Phase (ca. 1½ bis 3 Jahre) und die ödipale Phase (ca. 3 bis 6 Jahre). Der Verlauf der letztgenannten Phase hat im Wesentlichen einen Einfluss auf die spätere Wahl des Beziehungspartners, so dass im Folgenden nur die orale und anale Phase berücksichtigt werden.

Am Anfang sind wir abhängig

Die orale Phase beginnt mit dem ersten Tag im Leben eines Menschen. Sie ist davon gekennzeichnet, dass man zur Befriedigung von Bedürfnissen – allem voran dem Bedürfnis nach Nahrung – von anderen abhängig ist. Dem Bedürfnis nach Nahrung fast ebenbürtig ist das Bedürfnis nach Zuwendung, Nähe und Zärtlichkeit, das Bedürfnis danach, sich von der Welt, in die man hineingeboren wurde, angenommen zu fühlen. Im Saugen an der Mutterbrust vereinen sich beide Bedürfnisse. Ablehnung oder gar Strafe während dieser Phase führen beim Säugling zu existenziellen Ängsten. Dazu ein Beispiel: Ein Säugling verfügt noch nicht über Sprache und hat somit kein Konzept von „vorher" und „nachher", „gleich" oder „später". Wenn ein Säugling Hunger hat, bringen alle Beschwichtigungen oder Verweise auf baldige Abhilfe nichts – das Kind hat in diesem Moment nicht nur Hunger, es hat Angst zu verhungern. Dieses Beispiel lässt sich auch auf die Gefühlswelt übertragen.

Mangelerlebnisse und Frustration während der oralen Phase können führen zu:

- Depression (Kontaktsuche),
- Schizoidie (Kontaktabwehr) oder/und
- Narzissmus (Gier nach Anerkennung als vermeintlichem Ersatz für ersehnte Liebe).

Schrittweise ler-
nen wir Regeln
kennen

Die anale Phase beginnt gemeinhin mit der Einführung des Töpfchens und damit einer verstärkten Bedeutung von Regeln in den Tagesablauf. Nun werden dem Kind verstärkt gesellschaftliche Vorstellungen von Zeit und Ordnung vermittelt. Für die Eltern gilt es, nicht nur das passende Maß zu finden, das Kind an Regeln heranzuführen, sondern gleichermaßen dem „Produkt" des Kindes passend zu begegnen. Zuviel Anerkennung kann dabei genauso schadhaft wirken wie zuwenig Anerkennung. So knapp einmal im Rahmen dieses Buches zur analen Phase.

Mangelerlebnisse während der analen Phase können führen zu:

- Zwängen (als Folge von zu starkem oder zu frühem Einführen von Zeit und Ordnung; oder aber als Abwandlung einer Suche nach emotionaler Sicherheit, die oral zunächst als depressive Struktur in Erscheinung trat),
- Hysterie (als Folge eines dauerhaften Fehlens oder ständigen Wechselns von Regeln, wie auch als Folge unannehmbar vieler oder/und umfangreicher Regeln),
- Depression (als Folge gewaltsamen Wegnehmens erster „Produkte" oder auch als Folge bevormundender Eltern, die Entfaltungsimpulse nehmen),
- Schizoidie (falls bereits vorhanden, kann diese durch anhaltendes Desinteresse verstärkt bzw. ausgeprägt werden),
- Narzissmus (falls bereits vorhanden, kann dieser durch starkes Loben bei gleichzeitiger Zuwendungsarmut verstärkt werden, ansonsten in dieser Phase auch entstehen).

Ganz übergreifend möchte ich nun auf den Faktor eingehen, der wohl den zentralen Einfluss auf unser Verhalten hat: die Macht.

Schauen wir uns kurz chronologisch an, welchen Einfluss das Phänomen Macht auf unser Verhalten hat:[6]

1. Wir verleugnen einen Teil unserer Bedürfnisse, nämlich den Teil, der sich nicht in die Erwartungshaltungen unserer Eltern integrieren lässt.

2. Damit wir die Vermittler der Normen (die Eltern) jedoch nicht als Unterdrücker sehen und somit auch nicht konflikthaft erleben, müssen wir uns stattdessen selbst als fehlerhaft akzeptieren und versuchen gleichzeitig, es denen Recht zu machen, die uns ablehnen.

3. Am Ende der Normenvermittlung wissen wir im Extremfall nur noch, was wir fühlen sollen, jedoch nicht mehr, was wir fühlen wollen. Und nichts von beidem fühlen wir wirklich. In diesen Fällen ist das Gefühl zu einer Funktion des Denkens geworden, denn wir sind nicht mehr in der Lage, die Gefühle zu ertragen, die im Widerstreit mit den vermittelten und zu befolgenden Normen stehen.

4. Durch diese Verachtung des Selbst entwickeln wir einen Hass (eigentlich Selbsthass) auf alle diejenigen, die genau die Bedürfnisse ausleben, deren Ausleben wir uns so heftig versagen (müssen).

5. In unserem Streben nach Zuwendung und Liebe beginnen wir, Pflichten zu übernehmen, durch deren Erfüllen wir hoffen, materiell und immateriell versorgt zu werden: mit Geld und Anerkennung bzw. Zugehörigkeit als vermeintlichem Ersatz für die eigentlich gewünschte bzw. ersehnte Liebe.

6. Mit der Konzentration auf das Erfüllen von Pflichten weicht schrittweise das Gewissen der Gewissenhaftigkeit. (So fällt es auch nur wenigen Mitarbeitern und Führungskräften schwer, bei einem Führungswechsel

---

6 Wer tiefer in dieses Thema einsteigen möchte, sei auf das Buch von Arno Gruen in den bibliografischen Angaben hingewiesen.

an der Spitze des Unternehmens nach einer Weile auch einstige „heilige Kühe" zu schlachten).

7. Mit der steigenden Bereitschaft Pflichten zu übernehmen, steigt auch die Bereitschaft, sich den Mächtigen immer stärker zu unterwerfen. Und dies ist verlockend, hat man doch dadurch scheinbar immer mehr Teil an der Macht, dem vermeintlichen Ersatz der ersehnten Zugehörigkeit und Liebe. Jedoch führt die konsequente Unterwerfung unter die Mächtigen schrittweise zu einer emotionalen Leere, denn mit der immer weiter reichenden Übernahme von Pflichten entfernen wir uns immer weiter von unseren Bedürfnissen.

8. Sozusagen als Arrangement mit dem Phänomen Macht bilden wir letztlich eine Kombination der fünf dargestellten Verhaltensmuster heraus:

Anpassung an das Phänomen Macht

- Narzissmus: Anpassung an elterliche Leistungserwartung gepaart mit elterlicher Zuwendungsarmut,
- Zwänge: Anpassung an Regelliebe der Eltern,
- Hysterie: Anpassung an Regellosigkeit der Eltern, in seltenen Fällen als Reaktion auf unannehmbares Zwangsmilieu,
- Depression: Reaktion auf Nähearmut,
- Schizoidie: Anpassung an Nähearmut.

Die beschreibenden Kategorien im Überblick

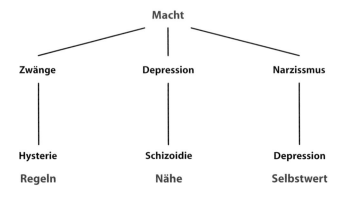

Dies muss uns zu der Frage führen, ob ein Streben nach Macht per se pathologische Züge trägt. Das tut es selbstverständlich nicht. Jeder Mensch muss über Machtaspekte in seinem Handeln verfügen, denn jeder Mensch benötigt Gestaltungsspielraum. Auf das Maß kommt es an – wie auch bei den anderen drei Faktoren:

- Ein gesundes Selbstwertgefühl ist wichtig, um stabil handeln zu können.
- Mit Vernunft festgelegte Regeln bieten Orientierung und ein ausgewogenes Maß an Sicherheit und Flexibilität.
- Die Fähigkeit, sowohl mit Nähe- als auch mit Distanzstreben angemessen umgehen zu können, ist bei jedem beziehungsfähigen Menschen vorhanden.

Unser Wissen über Verhaltensursachen hilft uns, als Moderator neutral zu bleiben

Insgesamt zeigt uns dies, dass manche Verhaltensweisen, mit denen wir in KVP-Workshops umgehen müssen, eine sehr weit reichende Geschichte haben. Um mit Workshop-Teilnehmern passend umgehen zu können, ist es fürwahr keinesfalls notwendig, dass ein Moderator einen therapeutischen Hintergrund hat, aber im Geiste und im Handeln ein kleines bisschen Therapeut zu sein hilft schon dabei, die Teilnehmer in ihrem Verhalten besser zu verstehen, vor allem aber hilft es dabei, wirklich neutral zu bleiben und alle Teilnehmer mit demselben Respekt zu behandeln, unabhängig von einer Übereinstimmung mit eigenen Urteilen. Gerade das fällt Moderatoren jedoch am Anfang schwer, denn es ist nicht leicht, eigene Urteile zum Thema des Workshops sowie die subjektive Sympathie für den einen oder anderen Teilnehmer oder dessen Meinung im Hintergrund zu belassen und stattdessen alle Teilnehmer gleichgewichtig in die Diskussionen mit einzubeziehen. Das aber ist, was gute Moderation ausmacht – und gepaart mit einer ergebnisoffenen Zugkraft des Moderators zum Erfolg führt.

4.2.4 Die Maslowsche Bedürfnispyramide als andere Form der Darstellung von Verhaltensmotiven

Nähern wir uns dem soeben sehr analytisch aufgearbeiteten Thema menschlicher Bedürfnisse noch einmal auf leichter verdauliche Weise. Ein sehr bekanntes Schema ist das von Maslow.

Fünf Ebenen der Bedürfnisse

Maslow unterscheidet in seinem Modell, der Maslowschen Bedürfnispyramide, fünf Ebenen von Bedürfnissen. Diese unterteilt er in einerseits Sättigungs- bzw. Defizitbedürfnisse und andererseits Wachstumsbedürfnisse. Bei den Sättigungsbedürfnissen unterstellt er, dass, wenn auf einer Bedürfnisebene das individuelle Zufriedenheitsniveau (die Sättigung) erreicht ist, die nächste Ebene in Angriff genommen wird. Alternativ bezeichnet Maslow die Sättigungsbedürfnisse auch als Defizitbedürfnisse. Dann besagt sein Konzept, dass, wenn auf einer eigentlich bereits gesättigten Ebene Defizite auftauchen, auf diese Ebene – bildlich gesprochen – zurückgegangen wird, um das Defizit zu beheben bis erneut das individuelle Zufriedenheitsniveau erreicht ist.
Die vier Ebenen der Sättigungs- bzw. Defizitbedürfnisse sind die Grundbedürfnisse, die Sicherheitsbedürfnisse, die sozialen Bedürfnisse und die Wertschätzung. Die fünfte Ebene, die Selbstverwirklichung, ist dann die Ebene der Wachstumsbedürfnisse. Diese werden so genannt, weil sie mit der Entwicklung und den Leistungen eines Menschen wachsen.

Die Maslowsche Bedürfnispyramide

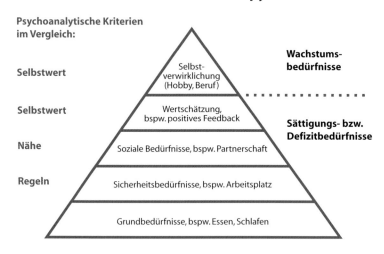

In abgewandelter Form finden wir hier die Kategorien der Psychoanalyse und die darin beschriebenen Verhaltensmotive wieder: Regeln geben Sicherheit, soziale Bedürfnisse haben etwas mit dem Streben nach Nähe zu tun und Wertschätzung und Selbstverwirklichung nähren einen gesunden Selbstwert. So können wir auch anhand der Maslowschen Bedürfnispyramide sehen, dass Teilnehmer von KVP-Workshops durchaus mit völlig

Teilnehmer
verfolgen unter
Umständen
Bedürfnisse un-
terschiedlicher
Ebenen

unterschiedlichen Motiven in einen Workshop kommen können. Während ein Workshop-Teilnehmer mit seiner Teilnahme
subjektiv vielleicht Bedürfnisse einer Ebene verfolgt, sieht ein anderer für sich Bedürfnisse einer anderen Ebene im Vordergrund
– auch wenn es auf dem Workshop objektiv eigentlich „nur" um
das Erarbeiten eines besseren unternehmerischen Ablaufs geht.

Als KVP-Moderatoren sollten wir also auch dann nicht davon
ausgehen, dass jeder Teilnehmer mit genau derselben Er-
wartungshaltung in den Workshop kommt, wenn wir uns im
Rahmen eines Vorgesprächs auf eine gemeinsame Zielsetzung
geeinigt haben. Sicher, das vereinbarte Ziel wird von allen geteilt
und bestimmt auch mehr oder weniger engagiert verfolgt – aber
nichtsdestotrotz hat jeder Teilnehmer seine eigene Lebenssituation und eigene Bedürfnisse, und die bleiben beim Workshop
nicht gänzlich vor der Tür.

4.3   Kommunikation

Wie wir bereits an vielen Stellen feststellen konnten, besteht
ein KVP-Workshop unterm Strich aus Kommunikation. Um uns
auch dieses Thema noch etwas solider zu erschließen, soll es hier
zunächst um den Verlauf von Kommunikation im Allgemeinen
gehen, dann im Speziellen um Verbalsprache und um Körpersprache.

4.3.1 Kommunikation: Was ist das? Wie läuft sie ab? Und
wie nutzen wir dieses Wissen bei KVP-Workshops?

*Vom Sender zum
Empfänger*

Als Kommunikation bezeichnet man den Informationstransfer
von einem Sender zu einem Empfänger. Stattgefunden hat
Kommunikation, wenn der Empfänger Informationen wahrgenommen hat. Schauen wir uns an, was auf dem Weg vom Sender
zum Empfänger geschieht:

Der Ausgangspunkt für Kommunikation ist das innere Erleben
des Senders. Ein Teil dieses inneren Erlebens gelangt ins Be-
wusstsein. Davon wiederum wird ein Teil sprachlich (verbal- oder
körpersprachlich, und beides auch noch kulturkreisspezifisch)
codiert, beispielsweise artikuliert, und so als Nachricht zum
Sender geschickt. Dieser nimmt die Nachricht wahr, decodiert

*Nachrichten
werden codiert*

und interpretiert sie mit seinen ihm zur Verfügung stehenden Kategorien, was letztlich Emotionen in ihm auslöst. Wird der Empfänger daraufhin zum Sender, wiederholt sich der Weg mit vertauschten Rollen. Der einstige Sender wird nun zum Empfänger.

Codieren und Decodieren von Nachrichten funktioniert nicht immer einwandfrei

Auf dem Weg vom inneren Erleben des Senders zu den aus der Interpretation des Empfängers resultierenden Gefühlen kann einiges schief gehen, denn in der Regel verwenden Sender und Empfänger – zumindest in Nuancen – unterschiedliche Codes beim Codieren und Decodieren von Nachrichten. Diese Codes sind zentral von den Ängsten bestimmt, die im Zusammenhang mit dem psychoanalytischen Typenmodell beschrieben und ursächlich erklärt wurden.

Kommunikation: Wie läuft sie ab?

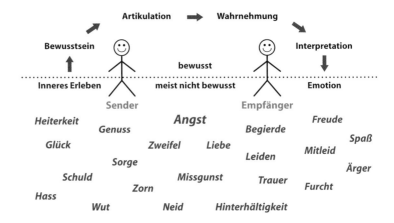

Als Sender einer Nachricht fällt es mir leicht, Informationen so zu vermitteln, wie ich möchte, dass sie wahrgenommen werden, wenn ich mich in meinen Gesprächspartner und seine Weltsicht hineinversetzen kann. Als KVP-Moderator kann und sollte ich diese Fähigkeiten für meine Arbeit nutzen, um bestmögliche Ergebnisse zu erzielen.

Versetzen wir uns in die Situation eines KVP-Workshops, in dem ein verbindlicher Standard für die Zusammenarbeit innerhalb einer Abteilung festgelegt werden soll, weil es wegen unterschiedlicher Vorgehensweisen unter den Mitarbeitern bereits mehrfach zu Unstimmigkeiten darüber gekommen ist, wie eine Tätigkeit im Detail zu verrichten ist. Im Workshop soll gemeinsam geklärt werden, welches der beste Weg ist, diese Tätigkeit künftig zu handhaben. Ein Lösungsvorschlag liegt vor, der von fast allen Diskussionsteilnehmern für gut befunden wird. Zwei Kollegen aber möchten sich nicht so recht mit der Lösung anfreunden. Der eine lässt sich recht gut dem in Kapitel 4.2 diskutierten Verhaltensmuster „Zwänge" zuordnen, der andere dem Verhaltensmuster „Schizoidie". Unser erster Versuch, den erarbeiteten Lösungsvorschlag von allen befürworten zu lassen, bestand darin, die Vorteile des Vorschlags seitens der Kollegen herausstellen zu lassen, die sich darin einig sind, dass die Umsetzung zum Erfolg führen würde. Das hat nur bedingt zum Erfolg geführt; die beiden Mitstreiter sehen zwar, dass die Lösung nicht schlecht ist, wollen aber noch nicht so recht zustimmen. Nun sind wir als Moderator gefragt, uns auf die beiden Mitstreiter einzulassen und jeden bedürfnisgerecht „abzuholen". Eine Möglichkeit wäre nun, dem zwanghaften Kollegen folgendermaßen zu begegnen: „Es wäre doch schön, wenn es für dieses Thema eindeutige und verbindliche Regeln gäbe, an die sich alle halten. Was müsste denn aus Ihrer Sicht noch ergänzt werden, damit dies so sein kann?" Mit dieser Äußerung sprechen wir das Bedürfnis des Zwangscharakters nach Regeln an. Dem schizoid geprägten Kollegen könnten wir folgendermaßen begegnen: „Auf mich wirkt der Vorschlag so, als ob er trotz klarer Rahmenbedingungen auch dazu führt, dass jedem bei seiner täglichen Arbeit ein vernünftiges Maß an Eigenständigkeit und Ermessungsspielraum belassen bleibt. Was meinen Sie? Fehlt noch etwas, um auch diese Ziele zu erreichen?" Damit sprechen wir das Bedürfnis schizoider Charaktere an, bei der Ausführung des Prozesses im Tagesgeschäft unabhängig von der Gruppe agieren zu können. Mit dem gezielten Ansprechen ihrer tatsächlichen Bedürfnisse haben beide nun jeweils ein Motiv, sich entweder dem Lösungsvorschlag zu öffnen oder zumindest wieder an der Diskussion zu beteiligen und so Anhaltspunkte für eine Lösung zu bieten, mit der sich am Ende alle Diskussionsteilnehmer arrangieren.

Sich auf den Code des Gesprächspartners einstellen wirkt integrierend

Das ist Manipulation? Nicht in meiner Wahrnehmung. Zugegeben, es ist gewöhnungsbedürftig, die rationale Ebene zu verlassen und sich auf die Bedürfniswelt der Menschen einzulassen. Als Moderatoren tun wir dies, um es letztlich allen Beteiligten zu ermöglichen, ein Workshop-Ergebnis zu erarbeiten, das zu ihnen passt. Ich finde, dass dies die professionellste und respektvollste Art ist, mit Menschen umzugehen – sie in ihren Bedürfnissen wirklich ernst zu nehmen und sie so zu besseren Arbeitsbedingungen gelangen zu lassen.

Widmen wir uns nun den beiden Erscheinungsformen Verbal- und Körpersprache.

4.3.2 Verbalsprache

Die wesentlichen Aspekte von Verbalsprache lassen sich am einfachsten anhand des Konzepts einer Nachricht erfassen. Insbesondere Friedemann Schulz von Thun[7] hat einen Ansatz geprägt, der von vier Aspekten einer Nachricht ausgeht: dem Sachaspekt, dem Beziehungsaspekt, dem Appellaspekt und dem Selbstoffenbarungsaspekt. Eine Nachricht besteht also im Wesentlichen aus vier Strängen.

Betrachten wir zur Verdeutlichung ein Beispiel: Zwei Menschen sitzen in einem Raum, in dem ein Fenster geöffnet ist. Plötzlich sagt einer der beiden deutlich: „Hier zieht's!" Der Sachaspekt der Nachricht könnte wie folgt ausgedrückt werden: „Weil das Fenster geöffnet ist, ist es kühl." Der Beziehungsaspekt verdeutlicht, wie der Sender die Beziehung beider Personen wahrnimmt: „Ich bin in der Position, Dich aufzufordern, das Fenster zu schließen." Damit verbunden ist auch der Appellcharakter dieser Äußerung: „Mach' doch bitte das Fenster zu." Und der Selbstoffenbarungsaspekt hätte so formuliert werden können: „Mir ist es unangenehm, wenn es zieht.".

Kern aller Kommunikation: Die Nachricht

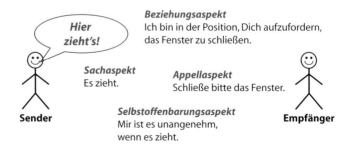

---

7   Siehe Literaturverzeichnis.

Missverständnisse, die dadurch zustande kommen, dass der Empfänger einen der vier gesendeten Aspekte im Vordergrund sieht (bspw: „Bin ich Dein Diener? Mach' doch Dein Fenster selbst zu!"), werden durch den Einsatz so genannter Metasprache ausgeräumt. Metasprache ist sozusagen „Sprache über Sprache" – Sprache, mittels der die Missverständnisse aufgelöst werden, die in der Kommunikation entstanden sind. Äußerungen wie „So hatte ich das nicht gemeint" oder „Ich habe das jetzt so verstanden. Ist das von Dir auch so gemeint?" sind Indizien funktionierender metasprachlicher Kommunikation zwischen Sender und Empfänger.

Im Rahmen von KVP-Workshops haben wir als Moderatoren nicht nur die Aufgabe, Missverständnisse durch metasprachliche Reflektion aufzulösen, sondern auch, das Entstehen von Missverständnissen zu vermeiden. Dabei hilft es uns, auf bestimmte

Schlüsselwörter

Schlüsselwörter zu achten:

„Eigentlich sind wir mit den Leistungen von Abteilung A zufrieden." Und uneigentlich?

„Das ist schon gut, aber ...". „Aber" und „jedoch" entwerten das zuvor Gesagte und leiten die eigentliche Aussage ein. „Schon" schränkt den Wert einer Aussage ebenfalls ein.

„Der Herr Meier hat letzten Monat ja ... gemacht". Die Verwendung von „ja" signalisiert, dass der Sprecher sein Eigenwissen bzw. seine Eigensicht beim Gesprächspartner voraussetzt.

Fremdwörter

Auch der Gebrauch von Fremdwörtern sollte den Moderator aufmerksam machen, denn sie werden nicht immer von allen Diskussionsteilnehmern verstanden. Die Verwendung von Fremdwörtern kann darin begründet liegen, dass das Thema dies erfordert oder darin, dass der Sprecher gerne mit seinem Bildungsstand kokettiert oder auch schlicht darin, dass er sich nicht verständlich ausdrücken oder inhaltlich nicht viel beitragen kann. Im Bedarfsfall sollte man als Moderator nachfragen, ob jeder Teilnehmer den Begriff versteht und falls dies nicht der Fall ist, den Sprecher auf eine nette Weise um eine allgemeinverständliche Übersetzung bitten.

Verwendung bestimmter sprachlicher Fügungen	Als Moderatoren sollten wir auch aufmerksam werden, wenn gehäuft „brauchen wir nicht" oder „können wir nicht" verwendet wird. „Brauchen wir nicht" könnte bei genauem Hinsehen für „wollen wir nicht" stehen, „können wir nicht" möglicherweise für „dürfen wir nicht". Mit Bezug auf Letzteres habe ich es beispielsweise schon erlebt, dass der Vorgesetzte des Sprechers im Vorfeld des Workshops Einfluss auf diesen genommen hat, um absehbaren Mehraufwand für seine Abteilung zu vermeiden. Bis zu dem Zeitpunkt, an dem dies herauskam, verlief die Diskussion sehr zäh; dann war der Blockierer sozusagen „entwaffnet". Wegweisend war die Äußerung „können wir nicht".
Ich-, Du-, Man-Botschaften	Auch ist es in mancher Diskussion hilfreich, darauf zu achten, ob eher Ich- oder eher Du-Botschaften oder gar „Man-Botschaften" formuliert werden. Ich-Botschaften weisen auf die Bereitschaft hin, Verantwortung für die eigenen Sichtweisen und Handlungen zu übernehmen und die eigene Rolle im Gefüge nicht unterzubewerten. Du-Botschaften stehen oft dafür, Verantwortung auf den Gesprächspartner zu projizieren. Bei „Man-Botschaften" wird die Verantwortung gar gänzlich aus der Diskussionsgruppe ausgelagert. Dazu drei Beispiele:

Ich-Botschaft: „Ich denke, wir sollten dieses Problem gemeinsam angehen und dabei wäre ich bereit, die Verantwortung für die Umsetzung von XYZ zu übernehmen."

Du-Botschaft: „Das funktioniert ja nur nicht, weil Du/Ihr immer ...".

Man-Botschaft: „Man müsste wahrscheinlich nur mal ... tun". |
| *Umgang mit Botschaften* | Mit der „Man-Botschaft" könnte ein Moderator wie folgt umgehen: „Was genau ist zu tun? Und wer müsste dabei welchen Teil übernehmen?". Bei der obigen Du-Botschaft ist es am einfachsten, die Gesprächsteilnehmer dazu anzuhalten, von der Beziehungsebene zur Sachebene zurückzukehren: „Okay. Ich habe vernommen, dass aus Ihrer Sicht der Vorgang nicht optimal funktioniert, weil die Abteilung X dieses oder jenes tut bzw. unterlässt. Danke. Und warum funktioniert es aus Ihrer Sicht (Moderator wendet sich an den Workshop-Teilnehmer der Abtei- |

lung X) nicht?" Die Lösung besteht nun in einem lösungsorientierten Zusammenführen beider Sichtweisen.

Wenn eine Diskussion sehr von Du-Botschaften gekennzeichnet ist, hilft es zuweilen, als Moderator dazu aufzufordern, anstatt der Du-Botschaften Ich-Botschaften zu formulieren, die im Idealfall auch eigene Beiträge zur Lösung des Problems enthalten. „Das funktioniert ja nur nicht, weil Du immer …" wird dann im Idealfall zu „Ich denke, dass das Ergebnis XYZ am besten erreicht wird, wenn wir die Leistung in den Punkten A, B und C verbessern. Mein eigener Beitrag dazu könnte … sein." So wird verhindert, dass aus der Diskussion wechselseitige Anschuldigungen werden und Verantwortung wechselseitig aufeinander projiziert wird.

Erscheint der Schritt von der Anschuldigungskultur zu einer Kultur, in der alle Diskussionsteilnehmer auch gerne selbst Verantwortung übernehmen, zu groß, kann man als Moderator zumindest dazu auffordern, dass Botschaften so formuliert werden, dass nicht einzelne Personen persönlich angesprochen bzw. angegriffen werden, sondern stets so, dass die jeweilige betriebliche Funktion benannt wird. Das erleichtert es den Diskussionsparteien, sich einander anzunähern. „Das funktioniert ja nur nicht, weil Du immer …" wird dann bspw. zu „Im Vertrieb geschieht es nach meiner Erfahrung häufig, dass … . Das ist nachteilig für unsere Abteilung, weil … . Besser für uns wäre … ."

Fragen manchmal getarnte Meinungsgegnerschaft

Beachtenswert kann bei Diskussionen auch sein, ob und wie von den Teilnehmern Fragen gestellt werden, denn mancher Meinungsgegner verbirgt seine abweichenden Sichtweisen zunächst hinter Fragen wie „Warum sehen Sie dies so?". Nach der Stellungnahme des Angesprochenen könnte der Diskussionsleiter bspw. den Fragenden ansprechen: „Gut. Seine Meinung haben wir nun gehört. Würde mich freuen, auch Ihre Meinung zu hören. Wie sehen Sie das Thema denn?"

Sprechlautstärke, Sprechtempo

Und auch die Sprechlautstärke und die Sprechgeschwindigkeit sind interessante Indikatoren. Auffallend lautes oder/und schnelles Sprechen deutet auf eine innere Anspannung und einen entsprechenden Ventilbedarf hin. Auffallend leises oder/und langsames Sprechen deutet auf eine mangelnde Souveränität hin und lässt den Sprecher unsicher wirken.

Intonation, Deutlichkeit

Mit Blick auf die Präsentationsleistungen von KVP-Moderatoren zu Beginn eines Workshops oder von Teilnehmern zum Abschluss des Workshops sind Intonation und Deutlichkeit von Belang. Eine wechselnde und dabei trotzdem stets passende Intonation macht den Vortrag/Beitrag interessant, lebendig. Deutliches Sprechen macht den Vortrag/Beitrag verständlich.

4.3.3 Körpersprache

Körperhaltungen, Gestik, Mimik, Blicke

Auch mit dem Körper lassen sich Aussagen und Urteile vermitteln, und zwar durch Haltungen beim Gehen, Stehen und Sitzen, durch jede Art von Gestik, Mimik und Blicken, schlicht durch alles, womit man sich auf non-verbale Art ausdrücken und mitteilen kann. So stellt die Körpersprache der Workshop-Teilnehmer den Moderator vor die Herausforderung, Unausgesprochenes zu verstehen. Dabei geht es um Kontaktverhalten bzw. den Aufbau von Barrieren, um territoriale Ansprüche (auch im fachlichen Sinne), um Dominanz und Macht sowie um unterdrückte Ansichten, die – bewusst oder unbewusst – nicht mitgeteilt werden und ohne Deutung der Körpersprache nicht bei der Lösungsfindung berücksichtigt werden könnten.

Körpersprache wenig anfällig für Täuschungen

Die non-verbale Ebene der Sprache ist für Täuschungen weit weniger anfällig als die verbale Sprache. Auf Grund dieser Tatsache kann die Analyse der Körpersprache mitunter fruchtbarer sein als die Analyse aller Äußerungen einer Person. Manche Psychoanalytiker analysieren in den ersten Behandlungsstunden sogar nur die Körpersprache ihrer Patienten, weil sie denken, auf diese Weise ungetrübter an wichtige Informationen zu gelangen. Um selbst einmal erste Erfahrungen mit dem Thema Körpersprache zu machen, ist es vielleicht nicht uninteressant, beim Fernsehen einfach einmal vorübergehend den Ton abzustellen und nur zu beobachten.

Auf die Möglichkeit, dieses Kapitel ausgiebig mit Fotodarstellungen anzureichern, habe ich bewusst verzichtet. Stattdessen möchte ich Sie bitten, sich Körpersprache durch kleine Übungen etwas bewusster zu machen. Wie auch meine Moderatorenschulungen immer wieder zeigen, lebt dieses Thema zwar durchaus auch vom Betrachten und Beobachten, aber noch viel mehr vom Erleben. Als erste kleine Übung bitte ich Sie, etwas sehr Positives, beispielsweise ein romantische Liebesbekundung, zu sagen und zwar mit einem Ausdruck von Ablehnung, Wut und Aggression. Gar nicht so einfach? Ja. Aber was viel interessanter ist: Welchem Aussagegehalt glauben Sie selbst, Ihrer Körpersprache oder der verbalen Äußerung?

Eine erste Übung

Beginnen wir unsere weitere Betrachtung bei den Händen. Die rechte Hand ist die Ratio-Hand, die linke die Gefühlshand. In der Tendenz bieten wir mit der linken Hand einen Sitzplatz an, mit der rechten weisen wir ihn zu. Handflächen und Handrücken stehen für Offenheit und Verschlossenheit. Mit der Handfläche kann ich zu Äußerungen einladen, mit dem Handrücken schneide ich jemandem das Wort ab. Probieren Sie dies in einer Partnerübung aus, indem Sie Ihrem Gesprächspartner einmal mit der Hand das Wort erteilen und dann das Wort wieder entziehen, indem Sie es einer fiktiven Person erteilen, die neben ihm steht. Nun lassen Sie Ihren Übungspartner dasselbe tun und spüren einmal nach, wie es sich anfühlt, das Wort erteilt bzw. entzogen zu bekommen, sprich: die Handfläche und den Handrücken zugewendet zu bekommen.

Handflächen und Handrücken

In Workshop-Situationen können Sie aufgrund Ihrer Rolle als Diskussionsleiter ohne ein Wort zu sagen Redekontingente zuteilen und entziehen. Man nickt dem Sprecher zu und signalisiert ihm: Ich habe alles gehört und verstanden, danke. Nun ist der nächste dran, den ich mit meiner Handfläche einlade, sich zu dem Thema zu äußern. Mit dem Wechsel des Blickkontakts unterstreiche ich, dass nun dieser nächste redet.

Nicht nur das Zuteilen oder Entziehen von Redekontingenten, sondern auch Grenzen werden oft mit den Händen signalisiert, letztere insbesondere mit dem Handrücken, manchmal auch mit der Handkante – oft gepaart mit einer Hand- oder/und Armbewegung von oben nach unten. „Bis hierher und nicht weiter" ist dann die unausgesprochene oder manchmal auch begleitend artikulierte Aussage.

Die Arme	Wie an diesem letzten Beispiel deutlich wurde, kommen mit den Händen häufig auch gleichzeitig die Arme zum Einsatz. Empirische Untersuchungen haben gezeigt, dass es von allen Möglichkeiten, im Stehen, beim Präsentieren, die Arme zu halten, letztlich drei Möglichkeiten gibt, die vom Publikum akzeptiert werden: beide Arme in Taillen- bzw. Brusthöhe, beide Arme hängend (dabei jedoch nicht schlaff) und die Kombination aus beidem (ein Arm so, der andere so).
	Stellen wir uns nun einmal vor, wir hielten einen mittelgroßen Ball vor unserem Bauch- bzw. Brustbereich mit beiden Händen von rechts und links fest – dann einen großen Ball, und dann einen kleinen. Mit solchen Haltungen – selbstverständlich ohne Ball – unterstreichen wir Darstellungen.
Der Stand	Beim Präsentieren und Diskutieren – egal ob als Moderator oder als Teilnehmer – ist auch der Stand von Bedeutung. Ein schulterbreiter Stand ist in der Regel am unverfänglichsten. Sowohl weniger als auch mehr Fußabstand sind Indikatoren von mangelnder Souveränität. Wer zu schmal steht und wenig Raum beansprucht, ist offensichtlich unsouverän. Wer betont breitbeinig steht, wirkt auf den ersten Blick souverän, hat aber tief im Innern Angst, jemand könnte ihm den Stand oder den Raum streitig machen – daher aus seiner Sicht lieber etwas zuviel als zu wenig. Probieren Sie auch dies einmal aus und versuchen Sie Ihre Gefühle zu beschreiben, während Sie bequem stehen, während Sie sehr „schmalfüßig" stehen und wenig Raum beanspruchen und während Sie sehr breitbeinig stehen.
Körperhaltungen	Spielen Sie dabei auch ruhig weitere Varianten durch: Halten Sie den Kopf aufrecht, selbstbewusst. Erheben Sie den Kopf über Ihre Zuhörerschaft, soweit, dass Sie auf Ihre Zuhörer herabblicken müssen. Dann lassen Sie den Kopf hängen, am besten auch noch gleich die Schultern. Versuchen Sie bei all diesen Haltungen Ihr Empfinden zu beschreiben. Wenn Sie die Möglichkeit haben, diese Übungen mit einem Freund oder guten Bekannten durchzuführen, fragen Sie ihn, wie Sie auf ihn wirken, wenn Sie ihm gegenüber diese oder jene Haltung einnehmen – und umgekehrt.

Weitere Anhaltspunkte, um Szenen nachzustellen und Wirkungen kennen zu lernen (der Aufwand lohnt sich):

Territorium	• Territoriale Ansprüche werden oft dadurch signalisiert, dass Arme und Beine in irgendeiner Weise Raum besetzen.
Besserwisser	• Steht der Kopf beim aufrechten Stehen nach vorne, so hat man es wohl meist mit einem Besserwisser zu tun. Sind die Schultern dabei nach hinten gezogen, will der Besserwisser sein Wissen aber nicht unter Beweis stellen. Er hüllt sich in Inaktivität.
Gebeugt vs. aufrecht	• Wer eine gebeugte Haltung einnimmt, den hat das Leben gebeugt; wer sich aufrecht bewegt, der steht allen Anforderungen und Erwartungshaltungen, die an ihn gerichtet sind, aufrecht gegenüber.
Der Gang	• Auch der Gang eines Menschen kann Aussagen in sich tragen. Wer mit großen Schritten geht, hat vermutlich viel zu erledigen. Wenn dabei die Fußspitzen hochgezogen und/oder die Schultern zurückgezogen sind, so ist der Elan durch irgendetwas gebremst. Wer kleine Schritte macht, der möchte vielleicht sichergehen, dass er keinen Fehltritt macht. Wer die Füße quasi hinter sich herzieht, der möchte sich vielleicht am liebsten überhaupt nicht bewegen.
Grenzen im Raum: Ausgrenzung und Integration	• Arme, Beine und die verlängerte Schulterlinie bilden Grenzen im Raum. Ein Ausgrenzen bestimmter Personen aus Gruppen wird oft durch den bewussten und unbewussten Einsatz dieser „Grenzinstrumente" verursacht. Aber auch ein bewusstes Hineinbringen einer Person in eine Gruppe kann durch den Einsatz dieser Körperteile möglich sein. Dies kann man beispielsweise ereichen, indem man sich der Person zuwendet, die man integrieren möchte und so dem Sprecher durch den Entzug von Aufmerksamkeit bzw. das Abwenden mehr oder weniger das Wort abschneidet. Stellt man unmittelbar daran anknüpfend die Schulterlinie bewusst neutral zu allen Gesprächsteilnehmern, holt man mit dieser Bewegung

den zuvor Ausgeschlossenen in die Gruppe hinein. (Die Voraussetzung dafür ist, dass man selbst einen gewissen „Stand" in der Gruppe hat und die anderen Gruppenmitglieder auf einen reagieren.)

Festhalten

- Ein Festhalten mit Armen und Beinen während des Sitzens an der Sitzgelegenheit ist entweder ein Zeichen dafür, dass der Betroffene vorerst nicht von seinem Standpunkt abrücken (aufstehen) wird oder aber dafür, dass er Halt benötigt. Letzteres könnte auch durch ein auffälliges Festhalten an Gegenständen signalisiert werden.

Zeigefinger als Schwert

- Der Zeigefinger ist das Schwert der Zeichensprache. Er wird meist dann unterstützend eingesetzt, wenn ein Standpunkt ganz vehement vertreten wird oder der Sprecher sich bedroht fühlt.

Bewegungen von oben nach unten

- Eine Hand, die von oben mit gespreizten oder geschlossenen Fingern auf etwas draufgelegt wird, zeigt in der Regel Besitz an. Alle Bewegungen von oben nach unten sind Bewegungen, die Machtanspruch anzeigen und sich je nach Situation auch dem Begriff „Hackordnung" zuordnen lassen. Besonders häufig sind dies Hand- oder Fingerbewegungen. Selbst ein scheinbar freundschaftlicher Schlag auf die Schulter, der diese Bewegungsrichtung aufweist, ist ein Fingerzeig, dass man doch da unten bleiben möge, wo man ist. Der wahre Freund „schlägt" einem, um Anerkennung oder Aufmunterung zu unterstreichen, horizontal gegen die Schulter.

Barrieren

- Gegenstände, die sich zwischen Sender und Empfänger – beispielsweise auf einem Schreibtisch – befinden und die eine Kommunikation auch nur entfernt behindern, dienen oft dazu, sich hinter ihnen zu verstecken. Diese Mauer kann auf ein Bedürfnis nach Schutz vor plötzlichen Angriffen hindeuten, sie kann aber auch ein Zeichen dafür sein, dass derjenige, der sich hinter ihr verbirgt, etwas zu verbergen hat. Vielleicht dient sie dem Erbauer auch dazu, dass er selbst aus der Sicherheit heraus angreifen kann.

Beispiele deutlicher Körpersprache

Sicherheitsbedürfnis: Laptop und verschränkte Arme als Schutzbarrieren, sowie zum zusätzlichen Schutz leicht zurückgenommener Kopf

„Vorsicht!" – sagen die selbstbewusste Sitzhaltung, der ausgestreckte Zeigefinger und der fixierende Blick

Eine runde und dem Schmunzeln nach ebenso erfreuliche Sache zum „Anpacken"

4.4   Gruppenaspekte

In diesem Kapitel möchte ich nun verschiedene Gruppenaspekte herausarbeiten, ausgehend von der Frage, welche Phasen eine Gruppe im Zuge ihrer Entstehung durchläuft über Vor- und Nachteile eines starken gruppenbezogenen Wir-Gefühls bis hin zum Umgang mit Konfliktsituationen und der Frage, ob starke Unternehmenskulturen einen Prozess kontinuierlicher Verbesserung unterstützen oder diesem im Wege stehen.

4.4.1 Gruppenbildung

Im Verlauf ihrer Entstehung durchläuft eine Gruppe gemeinhin vier Phasen: Forming, Storming, Norming und Performing.

Forming

1. Die Forming-Phase bezeichnet das Zusammenkommen, das Bilden der Gruppe.

Storming

2. In der Storming-Phase prallen unterschiedliche Vorstellungen darüber aufeinander, wer sich in Zukunft wie in der Gruppe zu verhalten hat und wer zukünftig welchen Standort innerhalb der Gruppe einnimmt.

Norming	3. In der Norming-Phase werden die Standorte der Gruppenmitglieder und damit deren Verhaltensgrundlagen festgeschrieben – in Gruppennormen. Die Gruppennormen sind fortan die gruppeneigenen Gesetze, die das Zustandekommen von Entscheidungen wie auch sonstige gruppeninterne Abläufe regeln. Hat ein Gruppenmitglied während der Storming-Phase seine Bedürfnisse zurückgestellt, so wird dieses Gruppenmitglied nach dem Herausbilden einer innerhalb der Gruppe allgemein anerkannten Rollenverteilung Probleme haben, sein Verhalten und seinen Standort zu verändern, denn alle Standorte und Verhaltensgrundlagen innerhalb der Gruppe sind nun festgeschrieben (normiert).
Performing	4. Basierend darauf erbringt die Gruppe nun Leistungen (Performing).
Jeder Prozess-Workshop durchläuft alle vier Phasen	Jeder KVP-Workshop, der abteilungsübergreifende Themen adressiert, ist von diesem Prozess gekennzeichnet. Der Workshop beginnt mit dem Zusammenkommen der Workshop-Teilnehmer (Forming). Deren Interessen und Sichtweisen prallen aufeinander (Storming). Im Rahmen von Diskussionen erarbeiten die Teilnehmer gemeinsam Lösungen für die themenbezogenen Konflikte. Dabei ändern sich in der Regel Abläufe und Zuständigkeiten (Norming) – manchmal geringfügig, manchmal erheblich. Bei der Überprüfung der Umsetzung (Audit) zeigt sich dann letztlich, ob der Prozess erfolgreich war und es zu einem „Performing" gekommen ist.
Thema für Thema: Storming und Norming	Um zum richtigen Zeitpunkt die richtigen Impulse setzen zu können, muss ein Moderator einschätzen können, in welcher Phase sich die Gruppe der Workshop-Teilnehmer befindet. Werden im Rahmen eines Workshops mehrere Themen diskutiert, so werden die Stufen 2 und 3 Thema für Thema wiederkehrend durchlaufen.

4.4.2 Kohäsion

Wir-Gefühl	Als Kohäsion wird der Zusammenhalt bzw. das Wir-Gefühl einer Gruppe bezeichnet. Gefördert wird Kohäsion durch demokratische Führung, wenig internen Wettbewerb und eine geringe

Positive Effekte

Gruppengröße. Gekennzeichnet ist eine hohe Kohäsion weiterhin durch viel aufgabenrelevante Interaktion und Kommunikation.

Mögliche negative Effekte

Mit hoher Kohäsion gehen jedoch oft auch mehrere negative Effekte einher: In hoch kohäsiven Gruppen kommt es häufig zu starker Stereotypisierung; es wird in eine Wir-Gruppe und eine Die-Gruppe unterteilt. Es kommt zu Druck auf Abweichler, zu Zensur und manchmal sogar zu Selbstzensur. Hoch kohäsive Gruppen ordnen sich ein hohes Informationsniveau zu, über das sie nicht unbedingt verfügen; Informationen werden wegen der Einmütigkeit vielleicht nicht ausreichend geprüft und Alternativen nicht ausreichend berücksichtigt. Und in einigen hoch kohäsiven Gruppen lässt sich das so genannte Risikoschubphänomen aufzeigen. Dieses beschreibt, dass Entscheidungen solcher Gruppen von einer höheren Risikobereitschaft gekennzeichnet sind, als sie sich bei Einzelentscheidungen für den Durchschnitt der einzelnen Gruppenmitglieder ergäbe. Als Gruppenmitglied handelnd muss der Einzelne jedoch die Konsequenzen seines Handelns nicht alleine tragen und kann daher, ohne gravierende persönliche Konsequenzen fürchten zu müssen, ein höheres Risiko eingehen. Oft tragen risikofreudige Führer dann noch zu einer Verstärkung dieser durch die Kohäsion der Gruppe entstehenden Risikobereitschaft bei. In solchen Gruppen gilt Risiko dann als sozialer Wert, das heißt als wünschenswert.

Bei einem auffallend gut laufenden KVP-Workshop bietet es sich an, als Moderator mal beiläufig und im Stillen die möglichen positiven und negativen Faktoren hoch kohäsiver Gruppen zu überprüfen. Liegt der Verdacht nahe, dass die negativen Faktoren hoch kohäsiver Gruppen vorliegen, und sind die Entscheidungen, die hier getroffen werden, von einschneidender Bedeutung, kann es im Extremfall sinnvoll sein, den Workshop zu unterbrechen und in Absprache mit dem internen Auftraggeber des Workshops zu versuchen, eine von den Teilnehmern unabhängige und vom Workshop-Thema unberührte Person hinzuzuholen, der dann die Rolle zukommt, Einwände einzubringen und auf Risiken zu verweisen, um so dem Entstehen suboptimaler oder gar riskanter Lösungen entgegenzuwirken. Diese Rolle ist der so genannte Advocatus diaboli.

Advocatus diaboli zur Vermeidung riskanter Vorhaben

4.4.3 Herrschaftsfreier Diskurs

Herrschaftsfrei-er Diskurs ist ein Ideal

Wer die Ausführungen zu den Themen der klinischen Psychologie bereits verinnerlicht hat, wird nun schnell sagen, dass es keinen herrschaftsfreien Diskurs geben kann, strebt doch jeder Mensch irgendwie nach Macht und Gestaltungsraum. Ja. Aber als Moderatoren sollten wir versuchen, für ein Workshop-Setting zu sorgen, mit dem wir diesem Ideal so nahe wie möglich kommen. Daher sollten wir die Workshop-Teilnehmer dazu anhalten, dass sie:

- verständlich argumentieren,
- alle Behauptungen begründen,
- keine Ideen oder Argumente ohne Prüfung ausschließen,
- Argumente gegen den eigenen Standpunkt gelten lassen und
- dazu beitragen, dass Zustimmung zu oder Ablehnung von bestimmten Punkten nicht von Belohnung oder Bestrafung abhängen.

4.4.4 Umgang mit Konfliktsituationen

Nun habe ich viel über Konfliktpotenziale geschrieben. Daher möchte ich betonen, dass hitzige Diskussionen im Rahmen von KVP-Workshops sehr selten sind, sehr selten. Gleichwohl möchte

Zwei Lösungs-ansätze bei Konflikten

ich es nicht schuldig bleiben, für den Umgang mit hochgekochten Diskussionen zwei Lösungsansätze zu bieten, mit denen ich gute Erfahrungen gemacht habe:

1. Zum Ziel zurückführen

„Ich hab' bis jetzt herausgehört, dass Sie beide mit der gegenwärtigen Situation unzufrieden sind. Was müsste sich denn aus Ihrer Sicht ändern, damit das Problem gelöst wird?" ... „Und was müsste sich aus Ihrer Sicht ändern?" ➡ Beide Ansichten zusammenführen.

2. Eine Pause machen

„Machen wir doch einfach einmal fünf Minuten Pause."
→ Während der Pause interessiert das Gespräch mit dem „Hauptstreithammel" suchen und dabei versuchen, Ansatzpunkte für die Beilegung des Konflikts zu finden
→ Im Extremfall erst mit der Unterstützung eines Moderatoren-Kollegen weitermachen

4.4.5 Rollenkonflikte

Interrollenkon-flikt

Ebenso selten wie auf wirklich hitzige Diskussionen treffen wir im Rahmen eines Workshops auf Rollenkonflikte. Aber es kommt vor. Von den in der Literatur bekannten Konfliktformen tritt in einem KVP-Workshop fast nur der so genannte Interrollenkonflikt auf. Von diesem spricht man, wenn mehrere zuwiderlaufende Erwartungen an einen Teilnehmer gestellt werden. Ein Beispiel: Vielleicht hat jemand durch einen Workshop Einblicke in ein unternehmerisches Problem gewonnen, das er nun besser versteht als vorher, ist aber gleichzeitig aktives Betriebsratsmitglied und möchte eine durchaus sinnvolle Entscheidung trotz der frisch gewonnenen Einblicke nicht mittragen, weil diese den Interessen eines Teils der Belegschaft zuwiderläuft.

Person-Rollen-Konflikt

In abgewandelter Form tritt diese Konfliktform auch als so genannter Person-Rollen-Konflikt in Erscheinung. Von dieser Art des Konflikts spricht man, wenn die Wertvorstellungen der Person den Erwartungen entgegenstehen, die an diese Person gerichtet sind. Kommt bei einem Workshop beispielsweise heraus, dass künftig aus wirtschaftlichen Gründen ein aggressiveres Reinigungsmittel zum Einsatz kommen soll, kann dies für einen umweltbewussten Menschen zu der Frage führen, ob er die Entscheidung mittragen möchte.

4.4.6 Wie zufrieden sind Workshop-Teilnehmer mit der Lösung?

Der Schlüssel zur Zufriedenheit möglichst aller Teilnehmer mit den Lösungen eines Workshops liegt darin, dass alle Teilnehmer aktiv mit in die Lösungsfindung einbezogen werden – wie im Rahmen dieses Buches beschrieben. Und ein guter Moderator fragt am Ende jeder Diskussion sicher auch noch einmal kurz in die Runde, ob die gerade im Raum stehende Maßnahme auch wirklich für jeden der Anwesenden passt – und falls notwendig steigt er auch noch einmal in die Diskussion ein.

Nicht immer gibt es am Ende Konsens

Ja, in den meisten Fällen sieht die Wirklichkeit genau so einfach aus. Gelegentlich kommt es allerdings vor, dass auch nach ausgiebiger Diskussion immer noch kein Konsens vorherrscht und demokratisch abgestimmt werden muss, um ein Thema (endlich) zum Ende zu bringen. Oder es kommt vor, dass verschiedene der oben diskutieren Phänomene wie beispielsweise Interrollenkonflikte oder Gruppendruck und Zensur ihre Wirkung entfalten. Oder ein Vorgesetzter wurde in einem Zweifelsfall hinzugerufen und entscheidet sich unerwartet gegen den Vorschlag der Gruppe. So kann es also auch Workshops geben, nach deren Abschluss nur einige, nicht aber alle Teilnehmer zuversichtlich und motiviert den Raum verlassen.

Damit für uns Moderatoren noch greifbarer wird, wie zufrieden oder unzufrieden der eine oder andere Teilnehmer am Ende des Workshops mit den Ergebnissen ist – und verbunden damit: wie wahrscheinlich es ist, dass die Workshop-Teilnehmer die Ergebnisse nachhaltig mit tragen und umsetzen –, möchte ich nachfolgend kurz ein Modell zur Beschreibung verschiedener Formen von Zufriedenheit bzw. Unzufriedenheit darstellen. Der Dreh- und Angelpunkt ist dabei das individuelle Anspruchsniveau:

Zufriedenheit und Unzufriedenheit

Hat ein Teilnehmer ein stabiles Anspruchsniveau und erreicht er im Rahmen des Workshops seine Ziele, so ist er mit den erzielten Ergebnissen zufrieden (stabile Zufriedenheit). Hat ein Teilnehmer ein ansteigendes Anspruchsniveau, so ist er mit den Ergebnissen so lange zufrieden, wie die Ergebnisse seinen Ansprüchen gerecht werden (progressive Zufriedenheit). Wenn die Ansprüche, die jemand an ein Ergebnis stellt, höher sind, als das erzielte Ergebnis, so ist er unzufrieden. Unternimmt der Betroffene dann nichts, so wird er dauerhaft mit den Ergebnissen unzufrieden sein (fixierte Unzufriedenheit). Viele Menschen reagieren jedoch mit einer der nachfolgenden Anpassungen: Während der eine die erzielten Ergebnisse umbewertet oder sie mit noch schlechteren Alternativen vergleicht und so zu einer Pseudozufriedenheit gelangt, senken andere im Zuge der Diskussion ihr

Anspruchsniveau und gelangen zu einer resignativen Zufriedenheit. Und manche setzen buchstäblich „Himmel und Hölle" in Bewegung, um Maßnahmen zu definieren, mit denen neue Mittel und Wege ausprobiert werden, um doch noch die gewünschten Ergebnisse zu erzielen. Diese Teilnehmer erleben eine so genannte konstruktive Zufriedenheit. Führt der von ihnen verfolgte Weg zum Erfolg, erlangen sie am Ende stabile Zufriedenheit, führt der Weg nicht zum erwarteten Erfolg, erlangen sie am Ende meist resignative Zufriedenheit.

*Zufriedenheit:
Ein Modell*

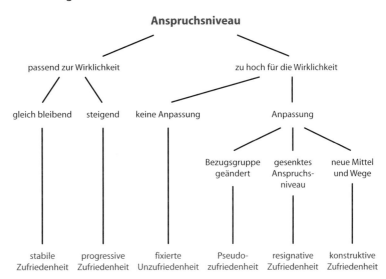

Die Bemühungen von uns Moderatoren zielen darauf ab, die Diskussionen so verlaufen zu lassen, dass möglichst viele Betroffene mit den gefundenen Lösungen zufrieden sind – allen voran der Kunde!

4.4.7 Unternehmenskultur: Hindernis oder Unterstützung für KVP?

*Unternehmens-
kultur – Füh-
rungskultur*

Der Beantwortung dieser Frage voran gestellt sei eine kurze Präzisierung des Begriffs Unternehmenskultur, denn dieser ist nicht unstrittig. Einig sind sich die meisten Verfasser darin, dass der für Unternehmenskultur prägende Faktor die Führung ist, so dass man, um die Bedeutung der Führung deutlich zu machen, auch von Führungskultur sprechen kann. Dabei drängt sich die folgende Erkenntnis auf: Einerseits gibt es wohl in keinem Unternehmen durchgängig DIE hauseigene Führungskultur – es gibt immer Bereiche, die gut in das Gesamtbild des Unternehmens passen oder gar hausinterne Trendsetter sind, und es gibt immer auch solche, die nicht so recht ins Gesamtbild passen wollen. Andererseits haben die Führungskulturen aller Abteilungen unternehmensweit oft auffällige Gemeinsamkeiten, die diese von Führungskulturen in anderen Unternehmen unterscheiden. Das liegt daran, dass sich die meisten Führungskräfte eines Unternehmens intuitiv am Führungsstil der Person orientieren, die ihr Unternehmen leitet. Die daraus entstehenden Gemeinsamkeiten innerhalb eines Unternehmens, die „Einheit in der Vielfalt", ist das, was man unterm Strich als Unternehmenskultur wahrnimmt.

Einheit in der Vielfalt

Die Frage, ob die jeweilige Unternehmens- bzw. Führungskultur für KVP eine Stütze ist oder ein Hindernis darstellt, hängt erstens davon ab, ob das Unternehmen kundenorientiert ist, zweitens wie die einzelne Führungskraft zum Thema KVP steht und drittens, wie stark die Unternehmenskultur ist und ob sie offen für Wandel ist. Widmen wir uns allen drei Fragen:

Ist die Kultur eine Stütze für KVP?

1. Steht bei den Tätigkeiten der Kunde im Vordergrund?

Wird dies bejaht, ist dies eine gute Voraussetzung für Verbesserung, denn die Richtung ist die richtige: Alles, was der (interne und externe) Kunde möchte, ist wichtig, alles andere unwichtig. Kommt man jedoch zu dem Schluss, dass das Berichtswesen im Vordergrund steht, wird es kritisch. In solchen Abteilungen oder Unternehmen wird Veränderung oft blockiert, indem vor der Umsetzung einer Verbesserungsmaßnahme exzessiv erörtert und geprüft wird, welchen Einfluss die vorgeschlagene Verbesserung auf die Zahlenwelt haben wird. Mit der Vordergründigkeit dieses Aspekts wird die Frage des Nutzens für den Kunden zuweilen in die Bedeutungslosigkeit gedrängt – oft mit der Folge, dass Maßnahmen, deren Kundennutzen logisch begründbar ist, trotzdem nicht umgesetzt werden. (Auf dieses Phänomen komme ich unter 5.1 noch einmal zu sprechen.)

Kunde wichtiger als Zahlen?

2. Unterstützt der Abteilungsleiter das Thema Verbesserung?

Wenn nach der ersten auch diese zweite Frage bejaht werden kann, hat man als Moderator gute Chancen, das Thema Verbes-

Abteilungsleiter unterstützt?

serung zum Laufen zu bringen. Steht die Führungskraft dem Thema jedoch gleichgültig oder gar ablehnend gegenüber, wird es schwer. Dann benötigt man Hilfe von „oben". Schwierig kann es auch werden, wenn der Abteilungsleiter Veränderung zwar gut heißt, dabei aber gerne selbst im Vordergrund stehen oder alles kontrollieren möchte. Ich verweise pauschal auf die Darstellungen zum Themenkreis Verhaltensweisen.

3. Wie stark ist die Unternehmenskultur? Und ist sie offen für Wandel?

Kultur offen für Wandel?

Ist eine Unternehmenskultur stark und offen für Wandel, so helfen loyale und motivierte Mitarbeiter dabei, rasch zu Entscheidungen zu kommen und Maßnahmen umzusetzen. Eine starke Kultur, die nicht offen für Wandel ist, kann hingegen zu einer Versteifung der gegebenen Abläufe führen, zur Idealisierung von Erfolgen, die in der Vergangenheit erzielt wurden, zum Glauben an die eigene Überlegenheit, zu einer stereotypen Wahrnehmung der Außenwelt, zu Zensur und Selbstzensur.

Im günstigen Fall hat man es also mit einer starken Kultur zu tun, die offen für Wandel ist, in der der Kunde im Vordergrund steht und in der dies von allen Abteilungsleitern mit getragen wird, ohne dass diese beim Wandel ständig im Vordergrund stehen und jeden kleinen Fortschritt kontrollieren müssen.

Kann KVP Kultur prägen?

Verbleibt die Frage, wie Unternehmenskultur und KVP zueinander stehen, wenn ein Unternehmen keine ausgeprägte Kultur hat? Kann KVP dann zum Herausbilden einer solchen beitragen?

Als Ausgangssituation vor der Einführung eines Programms kontinuierlicher Verbesserung finde ich oft die folgende Situation vor: Die Probleme sind bekannt, Ideen für deren Lösungen sind vorhanden, gesprochen wird jedoch nicht über potenzielle Lösungen, sondern nur über die Missstände – und dies nicht in strategisch ausgerichteten Besprechungen, sondern auf dem Flur, im Pausenraum, in Küchen und in der Kantine.

Wenn die Beteiligten entlang des Geschäftsprozesses nun im Rahmen von KVP-Workshops beginnen, diese Missstände gemeinsam und systematisch abzustellen, vollzieht sich schrittweise ein Wandel hin zu einer prozessorientierten Unternehmenskultur, in der die Menschen entlang der Prozesse nicht mehr schimpfen, sondern Probleme anpacken und Lösungen finden, um den Belangen des (internen und externen) Kunden gerecht zu werden. Entscheidend ist für diese Entwicklung nicht welche Verbesserungsmethoden zum Einsatz gebracht werden, sondern dass die Mitarbeiter systematisch mit einbezogen und mit ihrem Know-how und ihren Erfahrungen ernst genommen werden. Wenn dies gegeben ist, kommt es erfahrungsgemäß schrittweise dazu, dass die Mitarbeiter Eigenverantwortung für ihre Prozesse entwickeln, ja sogar Workshops einfordern, sobald sie Missstände identifizieren. Nach ein paar Jahren hat sich die Unternehmenskultur dann gewandelt, hin zu einer Kultur, in der der Kunde mit seinem Bedarf stets im Vordergrund steht und in der die Mitarbeiter ebenso gerne wie effizient miteinander arbeiten. So habe ich es viele Male erlebt.

Am Kunden orientierte Kultur als Ergebnis eines guten KVPs

4.5 Sprüche für Moderatoren

Manchmal hilft ein schlauer Satz, um Dinge auf den Punkt zu bringen. Mit diesem letzten Unterkapitel zu dem vielfältigen Kapitel 4 „Für unsere Arbeit mit Menschen" möchte ich Ihnen eine kleine Auswahl von Sprüchen anbieten, die mir im Rahmen von KVP-Diskussionen schon einmal einen Dienst erwiesen haben:

Sprüche für KVP-Diskussionen

- Erfolg bedeutet: Einmal mehr aufstehen als hinfallen.
- Wege entstehen dadurch, dass man sie geht.
- Wer schnell gehen will, muss alleine gehen, wer weit gehen will, muss im Team gehen.
- Wer sich zu groß hält für kleine Aufgaben, der ist meist zu klein für große Aufgaben.
- Manche Menschen träumen von großen Taten. Andere sind wach und führen Sie aus.
- Scheitern kann nur der, der aufgibt.
- Erfolgreiche Unternehmen machen dort weiter, wo andere aufhören: wo es unbequem wird.
- Wollen wir Unternehmer sein oder Unterlasser?
- Jedes erfolgreiche Unternehmen hat auch ein paar Uhrmacher, nicht nur Zeitansager.
- Alles Große in unserer Welt geschieht nur, weil jemand mehr tut als er muss.

- Wenn Du weiterhin nur das tust, was Du immer getan hast, wirst Du weiterhin nur das herausbekommen, was Du immer herausbekommen hast.
- Hebt man den Blick, sieht man keine Grenzen.
- Für den ersten Eindruck gibt es keine zweite Chance. Der letzte Eindruck bleibt.
- „Hätt' ich", „Könnt' ich", „Wär' ich" sind drei arme Brüder.
- Love it, change it or leave it.
- Wenn einem das Wasser bis zum Hals steht, sollte man nicht auch noch den Kopf hängen lassen.
- Wer loslässt, hat zwei Hände frei, um etwas Neues anzupacken.
- Dein Wissen ist soviel wert, wie Du es nutzt.
- Wer in anderer Leute Fußstapfen tritt, kann nicht überholen.
- Wie tief eine Pfütze ist, weiß man erst, wenn man hineingetreten ist.
- Der Stress von heute ist die gute alte Zeit von morgen.
- Nicht das Erzählte reicht, sondern das Erreichte zählt.
- Ein Prozess ist dann optimal, wenn man nichts mehr weglassen kann, nicht, wenn man nichts mehr hinzufügen kann.
- Krise ist ein fruchtbarer Zustand. Man muss ihr nur den Beigeschmack der Katastrophe nehmen.
- Man kann den Wind nicht ändern, aber die Segel richtig setzen.
- Wenn wir wissen, wo wir stehen, können wir entscheiden, wohin wir gehen wollen.
- Wenn ich weiß, von wo ich komme, mache ich mir auch bewusst, wo ich hingehe.
- Zeit, die Du vorne hineinsteckst, sparst Du hinten zehnfach.
- Everyone brings joy into this room, some by entering and some by leaving.
- Alle Menschen sind klug. Manche vorher, andere hinterher.
- Wer ständig pflügt, kann niemals ernten.
- Evolution statt Revolution.
- Phantasie ist mehr wert als Wissen, denn Wissen ist begrenzt.

- Wer nur ins Mikroskop blickt, erkennt zwar die Poren, nicht aber das Gesicht.
- Wer nur einen Hammer zur Verfügung hat, für den sieht jedes Problem aus wie ein Nagel.
- Sehen heißt nicht Verstehen. Verstehen heißt nicht Befürworten. Befürworten heißt nicht Umsetzen. Umsetzen heißt nicht Beibehalten.
- Tell me, I forget. Show me, I remember. Involve me, I understand.
- Die Tat unterscheidet das Ziel vom Traum.
- Willst Du Deine Träume realisieren, heißt der erste Schritt: Wach auf!
- Auch eine Reise von 1.000 Meilen beginnt mit dem ersten Schritt.
- *Einfach* machen und einfach *machen*.
- Die einen schützen sich vor dem Wind, während andere ihn nutzen.
- Wer sich nie verirrt, findet keine neuen Wege.
- Wenn die Klügeren immer nachgeben, geschieht das, was die Dummen wollen.
- Interessiere Dich für die Zukunft, denn Du verbringst den Rest Deines Lebens in ihr.
- Wer erst gut zuhört, kann später gut mitreden.
- Jeder Mensch mit einer neuen Idee ist ein Spinner – bis die Idee Erfolg hat.
- Zur Einführung von Kanban: Wir haben wenig, aber immer genug.
- Aus Sekunden werden Minuten, aus Minuten Stunden und aus Stunden Tage. Wer die Kleinigkeiten nicht im Griff hat, hat eigentlich nichts wirklich im Griff.
- Schritt für Schritt, Tag für Tag, alle.
- Den Streit in der eigenen Firma gewinnt die Konkurrenz.
- Die Straßen des geringsten Widerstands sind nur am Anfang asphaltiert.
- Große Erfolge erreicht man durch viele kleine Schritte.
- Was man nicht erfliegen kann, muss man erhinken.
- Wer heute den Kopf in den Sand steckt, knirscht morgen mit den Zähnen.

... und noch ein paar Stützen und Sprüche für Gespräche mit Führungskräften:

Stützen und Sprüche für Gespräche mit Führungskräften

- Prozessprobleme sind oft soziale Probleme. Lasst uns nicht zu technisch an das Problem herangehen, sondern lasst uns einfach miteinander reden.
- Selbst eine noch so gute Produktion kann nicht herausholen, was zuvor im Büro schief läuft. Lasst uns Verbesserung nicht punktuell, sondern im gesamten Unternehmen etablieren.
- Im Fokus von Verbesserung sollte der Informationsfluss stehen, denn er ist wichtiger als der Materialfluss: Gelangen Informationen nicht fehlerfrei zum richtigen Zeitpunkt in der richtigen Menge an die richtige Person, kann es das Material auch nicht.
- Ein Prozess kontinuierlicher Verbesserung ist kein Sprint, sondern ein Marathon, vielleicht sogar eher ein Doppelmarathon.
- Jedes Unternehmen hat eigentlich nur drei wichtige Themen: Eine eindeutige Marktstrategie festzulegen, eine passende Vertriebsstruktur aufzubauen und bei den Aufträgen, die dann basierend auf der Strategie und der Vertriebsstruktur ins Unternehmen kommen, dafür zu sorgen, dass diese reibungsfrei durchs Haus gelangen. Anders ausgedrückt: Die drei wichtigen Themen sind Strategie, Vertrieb und KVP.
- Zu hohe Kosten sind nur ein Symptom schlechter Prozesse. Lasst uns nicht Kosten fokussieren, sondern Prozesse optimieren.
- Mit Blick auf den Kunden und das Geschäftsergebnis sind streng genommen alle Handlungen unwichtig, die nicht dazu dienen, den Durchsatz zu erhöhen.
- Damit das Unternehmen zukunftsfähig bleibt, muss es lernfähig bleiben. Dafür brauchen wir die Bereitschaft zum Experiment – und die Fähigkeit, gute von schlechten Ergebnissen unterscheiden zu können.
- Gute Führung lässt andere wachsen.
- Behandle die Menschen als das, was sie sein sollen und Du hilfst Ihnen, zu werden was sie sein können.

- Als Führender geht es darum, das passende Verhältnis von Autorität des Führenden und Eigenverantwortung des Ausführenden zu finden.
- Man muss den Menschen etwas zutrauen, damit sie sich selbst etwas zutrauen.
- Viele Unternehmen suchen nach außergewöhnlichen Menschen, anstatt die „gewöhnlichen" durch richtige Führung in außergewöhnliche zu verwandeln.
- Erfolg kann man nicht verordnen. Erfolg erzielt man dadurch, dass man möglichst viele Mitarbeiter für ein Mitmachen gewinnt.
- Wertschöpfung durch Wertschätzung.

5 Ein paar Gedanken zum Weiterdenken

5.1 Heuristik, Logik, Empirie: Wie logisch darf man bei KVP sein? Wie empirisch muss man sein?

Heuristik, Logik, Empirie – der Zusammenhang

Als Heuristik bezeichnet man die Kunst, wahre Aussagen zu finden. Die Logik erlaubt es, diese Aussagen zu begründen. Will man die Aussagen dann hieb- und stichfest belegen, ist in einem dritten Schritt das Feld der Empirie zu bemühen. Mit Bezug auf KVP heißt dies beispielsweise: Es wurden Aussagen zum Verbesserungspotenzial eines Unternehmens getroffen. Diese Aussagen sind logisch begründbar. Durch zahlenmäßiges Erfassen der betroffenen Vorgänge, können die Aussagen empirisch belegt werden.

Damit ist eine sehr grundlegende Frage der praktischen KVP-Arbeit aufgeworfen: Genügt es für die Umsetzung einer Verbesserungsidee, wenn ihr Beitrag zum Unternehmensergebnis logisch begründbar ist oder muss dieser Beitrag stets auch empirisch belegbar sein?

Ich möchte hier zunächst mit zwei Beispielen zeigen, dass es in manchen Fällen fast absurd ist, nach einem empirischen Beleg zu fragen beziehungsweise einen solchen einzufordern. Die Beispiele betreffen die Verbesserung von Informationsfluss. Im Gegensatz zum Materialfluss ist dieser wesentlich schwieriger zu messen, er birgt aber keineswegs weniger Verbesserungspotenzial – womit Zweifel an dem oft zu hörenden Leitsatz „Miss es oder vergiss es" aufkommen.

Nicht alles Potenzial ist messbar

Trotz dieser berechtigten und nachdenklich machenden Zweifel an der Forderung, alle Verbesserungen müssten zahlenmäßig erfasst werden, möchte ich im Nachgang zu den Beispielen einen Vorschlag darlegen, wie man im Bedarfsfall auch die Verbesserungen des Informationsflusses empirisch erfassen kann, denn in den meisten Unternehmen wird man als KVP-Moderator wohl nicht umhin kommen, zahlenmäßige Belege abzuliefern, die den Beitrag von Verbesserungen zum Unternehmensergebnis unmittelbar oder zumindest mittelbar nachweisen. Zunächst die Beispiele:

Nehmen wir an, eine ganze Abteilung hat es geschafft, ihre Ablage unter Mitwirkung aller Beteiligten so zu strukturieren, dass alle Dokumente auf eine einheitliche Weise in einer nun übersichtlichen Ablagestruktur abgelegt werden. Bravo! Es ist wohl unstrittig, dass eine gute Ablagestruktur sowie auch das gemeinsame Festlegen einer einheitlichen Art des Ablegens zu einer Verringerung von Suchzeiten einerseits und zu einer Verringerung von Rückfragen andererseits führt. Auch ist der (interne oder externe) Kunde für die Lieferung von Informationen nun nicht mehr abhängig von der Anwesenheit eines bestimmten Mitarbeiters in der Abteilung, aus der heraus die Informationen zu liefern sind, denn nun sind die gewünschten Informationen für jeden der dortigen Mitarbeiter problemlos auffindbar; die Lieferfähigkeit der Abteilung ist gewährleistet. Als Mitarbeiter der Abteilung mit der neuen Ablage sind wir stolz auf diese Verbesserung und möchten sie vielleicht sogar im sportlichen Wettbewerb zu anderen Bereichen nachweisen. Dazu müssten wir die für die Suche aufgewendete Zeit nach der Verbesserung mit der von vor der Verbesserung vergleichen können. Aus meiner Sicht zeigt dieses Beispiel gut, dass es in Einzelfällen zwar durchaus sehr interessant erscheint, einen Wert zu erheben und dessen Entwicklung zu beobachten. Ebenso zeigt es jedoch, dass

die Erhebung schwierig ist: Sie kann allenfalls stichprobenartig durchgeführt werden und die Ergebnisse müssen Zweifel an der Repräsentativität aufkommen lassen – und dies nicht nur wegen der Anzahl der Erhebungen, sondern ganz besonders auch wegen der besonderen Situation, die mit einer Erhebung entsteht und in der sich die Beobachteten in der Regel nicht „normal", sondern tendenziell leistungsstark verhalten. Weiterhin ist es nicht unwahrscheinlich, dass der Akt der Erhebung Schaden beim Vertrauen der Mitarbeiter anrichtet. Wer wird schon gerne beobachtet und „gemessen"?!

Hier stellt sich die Frage, warum man stattdessen nicht einfach auf die logische Herleitung des Nutzens vertraut? Verbesserte Ablagestrukturen und einheitliches Ablegen führen sozusagen zwangsweise zu verringerten Suchzeiten und weniger Rückfragen und damit zu einer Beschleunigung des Prozesses.

Das zweite Beispiel: In der Einkaufsabteilung eines mittelgroßen produzierenden Unternehmens wurde ein Workshop durchgeführt, in dem unter anderem die folgenden zwei Maßnahmen umgesetzt wurden:

1. Bestellungen bis zu einem bestimmten Wert werden nur noch per E-Mail verschickt. Man spart sich den Aufwand für das Ausdrucken, Unterschreiben, Zum-Fax-Gerät-Bringen, Blatt-aufs-Faxgerät-Legen, Fax-Nummer-Wählen, Warten bis das Fax gesendet ist, Warten auf den Sendebericht, das Zurück-an-den-Platz-Gehen, das Zusammentackern der Dokumente, das Lochen, das Öffnen des Schranks, das Herausnehmen des Ordners, das Abheften, das Zurückstellen des Ordners und das Schließen des Schranks – im konkreten Fall mehr als 12.000 mal pro Jahr!

2. Umgekehrt will man in diesem Unternehmen bis zu einem bestimmten Auftragswert keine Auftragsbestätigung mehr haben. „Lieber Lieferant, wir vertrauen Dir. Bitte verschone uns mit vermeidbarem Papierkram." Dies betrifft in demselben Unternehmen zirka 4.500 Vorgänge pro Jahr. Insgesamt funktionieren also durch nur zwei Maßnahmen insgesamt gut 16.500 einzelne Vorgänge pro Jahr besser.

Auch für diese beiden Maßnahmen ist wohl völlig unstrittig, dass die Verbesserungen grundsätzlich zu einer Verkürzung von Bearbeitungs- und Durchlaufzeiten führen. Die umgesetzten Maßnahmen haben damit einen unmittelbaren Einfluss auf den Durchsatz, die verdiente Menge Geld pro Zeiteinheit. Unterm Strich steigt der Gewinn, denn die Kosten pro produziertem Produkt sinken mit jeder Maßnahme. Dies ist logisch. Wie jedoch auch mit diesen beiden Maßnahmen deutlich wird, ist es in vielen Fällen schwierig, den Nutzen exakt in Kennzahlen festzuschreiben.

Nur verbessern was messbar ist? In einigen Unternehmen führt dies nicht zu Konflikten, weil bei der Verbesserung von Abläufen nur die Leistung für den Kunden im Vordergrund steht. Was aber tun wir als KVP-Moderatoren in einem Unternehmen, in dem sich stark an Zahlen orientiert wird und in dem die Ansage vorherrscht „Was wir nicht messen können, lohnt sich nicht zu verbessern". Sollten wir dann nur Verbesserungen in den Produktionsbereichen vornehmen und auf Verbesserungen der genannten Art verzichten, weil sie ja nicht wirklich messbar sind? Oder sollten wir solche Verbesserungen gar unterbinden, weil sie wegen der mangelnden Messbarkeit nicht zur Verbesserungskultur des Unternehmens zu passen scheinen? Selbstverständlich nicht. Es liegt nun an uns, einen Lösungsvorschlag anzubieten, wie beides erreicht werden kann: einerseits die Berücksichtigung dieser Impulse aus der Belegschaft und die Umsetzung entsprechender Maßnahmen und andererseits das Messen des Beitrags zur Umsatzrendite. Mein Vorschlag dazu ist der folgende:

Ein Lösungsvorschlag

Bilden Sie für jede Abteilung das Verhältnis vom Umsatz zu den Personalaufwendungen. Wenn bei steigendem Umsatz die Personalkosten nicht oder unterproportional steigen, ist dies auf Steigerungen der Produktivität und des Durchsatzes zurückzuführen, die ihrerseits aus dem Verringern von Verschwendung resultieren. Das Ergebnis ist eine Verringerung der Personalkosten pro hergestelltem Produkt bzw. pro erbrachter Leistung. Dies

Eindeutige Effekte kumuliert darstellen

in Zahlen aufbereitet stimmt in der Regel auch hartgesottene Controller milde. Zwar haben Sie damit keine detaillierte Darstellung des Beitrages einzelner Maßnahmen zum Geschäftserfolg geboten, aber Sie haben mit vertretbarem Aufwand eine nachvollziehbare Antwort auf die Frage nach dem Nutzen der Summe aller in einer Abteilung erzielten Verbesserungen gegeben. Zu dieser relativen Senkung der Personalkosten kommt dann nach einiger Zeit noch ein weiterer Effekt hinzu, der sich ebenfalls in Zahlen abbilden lässt: Auf Grund der verkürzten Durchlauf- und Lieferzeiten ist das Unternehmen nun je nach Branche entweder in der Lage, den Marktanteil zu vergrößern und gegebenenfalls darüber hinaus sogar mehr Geld für seine Produkte zu verlangen oder es kann die gewonnene Zeit dafür nutzen, dem Kunden weitere Leistungen anzubieten, wofür vorher keine Zeit war. Den zuerst genannten Effekt beobachte ich ganz allgemein in Industrieunternehmen, die zusätzliche Preiserhöhung gelingt oft in Industrieunternehmen mit Einzelfertigung, und Dienstleistungsunternehmen nutzen die gewonnene Zeit, um dem Kunden weitere Leistungen anzubieten. Mit den Berechnungen für die hier genannten Effekte erreichen Sie es, dass sich die Umsetzung guter Ideen, deren Beitrag zur Verbesserung des Informationsflusses logisch begründbar ist, mit dem oft zu findenden Wunsch nach empirischer Belegbarkeit verträgt.

5.2 Denken wir bei KVP deterministisch oder probalistisch?

Wenn Sie als KVP-Moderator in eine Diskussion über die Beleg-barkeit von KVP-Erfolgen geraten, kann Ihnen möglicherweise auch der folgende Gedankengang noch einmal argumentative Unterstützung bieten:

Deterministisch vs. probalistisch

Schlussfolgerungen können deterministisch (Wenn-Dann) formuliert werden, oder probalistisch (Je-Desto). Ingenieur-, Natur- und Wirtschaftswissenschaften formulieren in der Regel Wenn-Dann-Schlussfolgerungen, Gesellschafts- Kultur- und Geis-teswissenschaften eher Je-Desto-Schlussfolgerungen.

An vielen Stellen im Rahmen eines KVP-Programms bewegen wir uns markanterweise nicht in einem Umfeld deterministischer Schlussfolgerungen, denn das Unternehmen ist kein Zahlen-gefüge. Der Erfolg eines Unternehmens wird von Menschen erzielt. Somit befinden wir uns in einem sozialen System, für das Schlussfolgerungen probalistisch formuliert werden können und vielleicht besser auch sollten.

Probalistische Schlussfolgerun-gen bei KVP

Der Anspruch der Deterministen ist: WENN eine Verbesserung erzielt wird, DANN muss sich diese auch hinsichtlich ihrer Aus-wirkung auf das Unternehmensergebnis erfassen lassen. Die Wirklichkeit in einem sozialen System lässt sich aber oft viel tref-fender mit probalistischen Schlussfolgerungen erfassen, wie zum Beispiel: JE mehr Gestaltungsspielraum ein Mitarbeiter erhält, DESTO wahrscheinlicher ist es, dass er eigenverantwortlich han-deln wird. Oder: JE mehr Verschwendung die Mitarbeiter durch das Umsetzen von Maßnahmen aus ihren Prozessen herausneh-men, DESTO reibungsfreier und schneller laufen die Prozesse. Oder: JE weniger die Mitarbeiter mit dem Zusammentragen von Informationen, Werkzeugen und Hilfsmitteln beschäftigt sind, desto produktiver sind sie. Es muss also nicht immer alles hart (Wenn-Dann) formuliert werden. Manchmal führt ein weicher Weg schneller zum Erfolg – und zu Einsichten. Wenn Ihr „Spar-ringspartner" aus der Geschäftsleitung dazu bereit ist, dann formulieren Sie doch einmal gemeinsam jede Wenn-Dann-Anforderung an Ihr KVP-System als Je-Desto-Aussage. Inhaltlich werden die Anforderungen an den Prozess kontinuierlicher Verbesserung dadurch nicht wesentlich verändert, möglicherweise wird das gesamte KVP-System aber wesentlich handhabbarer.

5.3 Was führt zum Erfolg: Deduktive oder induktive Herangehensweisen?

Deduktiv vs.
induktiv

Es geht hier um die Frage, ob ich von einer Kategorie auf ein Objekt schließe (deduktives Vorgehen), oder von einem Objekt auf eine Kategorie (induktives Vorgehen). Wenn ich meine Gedanken deduktiv von der Kategorie her beginne, ist die Gefahr groß, dass das Objekt (das Problem, die Situation, der Prozess) nur im Rahmen dieser Kategorie wahrgenommen wird – nach dem Motto: Was nicht sein darf, kann auch gar nicht sein. Ein praktisches

Ein Beispiel

Beispiel: Der KVP-Workshop zu einem bestimmten, wiederkehrend auftretenden Problem beginnt mit der Verlesung der dieses Problem eigentlich regelnden Verfahrensanweisung. Die Diskussion kann sich nun leicht so entwickeln, dass nicht das Problem beschrieben, ursächlich analysiert und behoben wird, sondern dass stattdessen darüber diskutiert wird, wie es überhaupt sein kann, dass das Problem auftritt, wo der Ablauf doch so eindeutig geregelt ist. Kommt vor.

Induktives Vor-
gehen führt zur
Lösung

Beginne ich meine Gedanken hingegen induktiv beim Objekt, also beim Problem, so ist es wesentlich einfacher, die Einflussfaktoren zu kategorisieren und davon ausgehend Lösungsansätze zu entwickeln. Mit dieser Vorgehensweise wird das zu dem Problem gehörende Kategoriensystem im Bedarfsfall wie selbstverständlich erweitert – um die für die Lösung relevanten Kategorien. So kommt man nicht nur rascher zu guten Lösungsansätzen, sondern es ist dann am Ende auch ein leichtes, die bestehende Verfahrensanweisung anzupassen – um bei unserem Beispiel zu bleiben.

Als KVP-Moderatoren sollten wir also im Zuge von Workshop-Vorbesprechungen und Vorbereitungen wie auch während jedes laufenden Workshops immer darauf achten, dass die Vorgehensweisen nicht deduktiv sondern induktiv sind.

5.4 Realismus vs. Konstruktivismus: Bilden wir als KVP-Moderatoren Realität ab oder erzeugen wir sie?

Bei Veränderungen von Abläufen beides

Ich würde sagen, das kommt auf den Fokus der Verbesserungsaktivität an. In Prozess-Workshops tun wir beides. In solchen Workshops bilden wir in der Regel zunächst die Wirklichkeit ab, um dann aus ihr eine neue zu konstruieren. Ähnlich sieht es bei den meisten Veränderungsprojekten innerhalb von Büroabteilungen oder Produktionsbereichen aus. Auch dort ist der Ausgangspunkt meist die Wirklichkeit und das Ziel die am Kundenbedarf orientierte Veränderung von Abläufen.

Veränderungen der Aufbauorganisation am besten konstruktivistisch

Wenn wir hingegen schwerpunktmäßig den Aufbau eines Bereichs ändern wollen, indem wir beispielsweise aus einer Werkstattfertigung eine Fließfertigung machen, liegt der gängige Weg darin, die Wirklichkeit bewusst zu ignorieren und stattdessen modellhaft eine neue zu konstruieren. Oft entdecken wir erst durch dieses rein konstruktivistische Vorgehen die entscheidenden Gestaltungsansätze, für die es dann gilt, sie mit unseren Vor-Ort-Gestaltungsmöglichkeiten in Einklang zu bringen.

Und auch in der Ratlosigkeit kann sich ein rein konstruktivistisches Vorgehen als fruchtbar erweisen: Wenn für keinen der Beteiligten erkennbar ist, mit welcher Vorgehensweise ausgehend vom Status Quo am wirkungsvollsten Verbesserungen zu erzielen sind, finden wir oft genau dadurch den passenden Lösungsansatz, dass wir so tun, als seien wir „auf der grünen Wiese" und hätten die Freiheit, Abläufe losgelöst von der Ausgangssituation festzulegen.

5.5 Vier Schlüssel zum KVP-Erfolg, sechs Schlüssel zum Unternehmenserfolg

Vier KVP-Erfolgsfaktoren

Meiner Erfahrung nach gibt es vier aufeinander aufbauende Faktoren, die für den Erfolg von KVP entscheidend sind: Kundenorientierung, Vertrauen, Konsequenz und Wertschätzung.

Kundenorientierung

Am Anfang steht die Kundenorientierung, ein Faktor, der so selbstverständlich sein sollte, dass man ihn fast nicht erwähnen möchte. Ich führe die Kundenorientierung hier trotzdem an, weil sie meiner Erfahrung nach keineswegs selbstverständlich ist. In nicht wenigen Unternehmen ist festzustellen, dass insgesamt mehr dem Controlling als dem Kunden gedient wird. Zugegeben, Kennzahlen haben Bedeutung, aber sie dürfen in der Bedeutung keinesfalls vor dem Kunden stehen. Unternehmen werden nicht dadurch erfolgreich, dass sie einen Großteil ihrer Handlungen nach innen (auf das Einsparen von Kosten und entsprechendes Berichtswesen) richten, sondern dadurch, dass sie konsequent den Kunden zuarbeiten. Allem Anschein nach ist es so, dass ein Unternehmen mit zunehmender Größe immer anfälliger dafür wird, den Blick auf das Controlling statt auf seine Kunden zu richten. Um dem vorzubeugen, hilft der Leitsatz: Alles, was nicht unmittelbar dem Kunden dient, muss kritisch hinterfragt und möglichst eliminiert werden.

Vertrauen

Aufbauend auf der Kundenorientierung gilt es, für KVP ein Umfeld des Vertrauens zu schaffen. Gemeint ist zum einen das Vertrauen der Belegschaft, dass aufgrund der Umsetzung von Verbesserungsmaßnahmen niemand seinen Arbeitsplatz verlieren wird, ganz besonders gemeint ist jedoch das Freiräume schaffende Vertrauen der Führungskräfte in die Fähigkeiten der Mitarbeiter, das Vertrauen darein, dass die Mitarbeiter ihr Arbeitsgebiet kennen und über ausreichend Erfahrung und Know-how verfügen, um unter moderationsmäßiger Begleitung passende Verbesserungen herbei zu führen. Wird den Mitarbeitern dieses Vertrauen entgegengebracht, ergreifen diese das Thema Verbesserung stets mit Tatendrang und übernehmen Verantwortung für ihre Prozesse. Dazu müssen die Führungskräfte – bildlich gesprochen – drei Schritte zurücktreten.

Konsequenz

Der dritte Faktor ist nun die Konsequenz. Niemanden wird es verwundern, wenn ich sage, dass Maßnahmen zur Verbesserung von Abläufen nicht nur eifrig formuliert, sondern auch umgesetzt werden müssen, damit sie zum Erfolg des Unternehmens beitragen. Zuweilen mangelt es jedoch an Umsetzungskonsequenz. Daher ist das Umsetzen definierter Maßnahmen nachzuverfolgen – denn aus dem gewährten Vertrauen darf nicht Vertrauensseligkeit werden. Ebenso wichtig ist jedoch, dass Konsequenz nicht als Boden für Misstrauen und Kontrolle missbraucht wird, denn das wirkt demotivierend. So gilt es, angemessene Zyklen der Maßnahmennachverfolgung zu finden. Wird dann festgestellt, dass ein Mitarbeiter seine Maßnahme(-n) nicht fristgerecht umgesetzt hat, ist anstelle pauschal aufgebauten Drucks das Gespräch zu suchen. Oftmals stellt sich nämlich heraus, dass der Vorgesetzte die für die Umsetzung nötige Zeit nicht zur Verfügung gestellt hat. Um dies bereits im Vorfeld soweit wie möglich zu vermeiden, ist mit Beginn von KVP in Zusammenarbeit mit der Geschäftsleitung und dem Führungskreis verbindlich zu vereinbaren, dass den Mitarbeitern, die freundlicherweise die Verantwortung für das Umsetzen von Maßnahmen übernehmen, dafür auch entsprechend Zeit zur Verfügung gestellt wird.[8]

Wertschätzung

Werden Maßnahmen konsequent umgesetzt, ist für die geleistete Arbeit Wertschätzung auszusprechen – seitens der Vorgesetzten für den Einzelfall, seitens der Unternehmensleitung für die Gesamtheit der erbrachten Verbesserungsleistung. Das macht stolz und motiviert die Mitarbeiter, sich weiterhin in die kontinuierliche Verbesserung des Unternehmens einzubringen.

Zu beobachten ist, dass gerade das Thema Wertschätzung in der Umsetzung Probleme zu bereiten scheint. Betonen möchte ich daher an dieser Stelle, dass der Umgangston der Führungskräfte im Zusammenhang mit Verbesserungsideen einen ganz erheblichen Einfluss auf den Erfolg des Verbesserungsprogramms hat. Stellt man beispielsweise als Führungskraft auf einer Abschlussdiskussion eines Prozess-Workshops fest, dass Lösungen für bestimmte Probleme völlig anders ausfallen, als man dies erwartet hat, dann kann man seiner Enttäuschung über diese Lösungen natürlich freien Lauf lassen, indem man den Workshop-Teilnehmern mit kritischen oder gar geringschätzenden Äußerungen begegnet. Man könnte seine Stellungnahme aber auch mit Wertschätzung für die geleistete Arbeit einleiten, freundlich erwähnen, dass man selbst den Lösungsansatz schwerpunktmäßig in einem anderen Aspekt gesehen hätte und entsprechend nachfragen, ob dieser Aspekt denn in der Diskussion aufgetaucht sei. Wenn ja, kommt es an dieser Stelle des Gesprächs sicherlich zu einer fruchtbaren Diskussion, denn die Teilnehmer sind ja schließlich vom Fach und haben sich erst nach eingehender

Wie Rückmeldung geben, wenn ich als Führungskraft andere Erwartungen an das Workshop-Ergebnis hatte?

---

8 Für diejenigen, die daran interessiert sind: Der Aufbau eines KVP-Systems, in dem Konsequenz institutionalisiert ist und Vertrauen trotzdem die Basis bildet, wird beispielhaft in „Effiziente Büros – Effiziente Produktion" dargestellt (siehe bibliografischer Anhang).

Diskussion dazu entschlossen, den entsprechenden Aspekt nicht weiter zu verfolgen. Wenn nein, bietet sich eine ebensolche Diskussion an, mit der Möglichkeit, dass der von den Teilnehmern erarbeitete Lösungsansatz ergänzt wird – in gegenseitigem Respekt, mit Wertschätzung für die geleistete Arbeit. Äußerungen wie „Das ist schon etwas dünn, was Sie hier bieten" oder Ähnliches können hingegen bewirken, dass Mitarbeiter künftig schwer für die Teilnahme an Workshops zu gewinnen sind. Der Ton macht eben die Musik – auch hier.

Motivation ist in jeder Phase des KVPs wichtig

Die Bedeutung des Themas „Wertschätzung" geht übrigens im Verlauf eines Programms kontinuierlicher Verbesserung nicht zurück, nach dem Motto: „Die Mitarbeiter wissen ja mittlerweile, dass wir KVP wollen." Eher ist es so, dass die Bedeutung im Verlauf von KVP zunimmt. Wenn sich das Unternehmen bereits über mehrere Jahre hinweg kontinuierlich verbessert hat, ist das hausinterne Verbesserungspotenzial in der Regel recht weit ausgeschöpft. Die Maßnahmen und ihr Beitrag zum Unternehmenserfolg werden immer kleiner, die Anstrengungen aber, die unternommen werden müssen, um das verbliebene Potenzial zu heben, sind gleich geblieben – oder sogar gestiegen. Hinzu kommt, dass sich schrittweise die Perspektive ändern muss. Nun heißt es nicht mehr nur „Wir müssen stetig besser werden", sondern immer häufiger auch „Wir müssen etwas tun, um nicht zurückzufallen" bzw. „Wir müssen erschaffene Standards an veränderte Rahmenbedingungen (geänderte Marktbedingungen, veränderte Kundenwünsche, andere Lieferantenbeziehungen etc.) anpassen". In diesem Stadium des Verbesserungsprogramms angekommen, sind Vorgesetzte und Unternehmensleiter besonders gefordert, denn die Mitarbeiter sind unter Umständen nicht mehr so motiviert wie am Anfang, weil bei derselben Anstrengung, Verbesserungen zu erzielen, die Resultate kleiner ausfallen und möglicherweise sogar nur dazu dienen, mittels der erneuten Bearbeitung eines Themas ein Niveau wieder zu erreichen, dass vor einer Veränderung bestimmter Rahmenbedingungen bereits erreicht war. Wenn Vorgesetzte angesichts der nun kleineren Wirkung der Verbesserungsaktivitäten die Ergebnisse kritisieren oder diese mit Ergebnissen vergleichen, die erzielt wurden, als das Verbesserungspotenzial noch deutlich größer war, dann ist die Motivation der Mitarbeiter schnell dahin. Dies vor Augen heißt das Motto nach mehreren

Jahren kontinuierlicher und erfolgreicher Verbesserung: Wertschätzung für die ausdauernde Bemühung, sich stetig weiter zu verbessern – und sei die Verbesserung noch so geringfügig.

Operativer Erfolg durch passendes Zusammenspiel von Kundenorientierung, Vertrauen, Konsequenz, Wertschätzung

Wird der hier dargestellte kausale Zusammenhang von Kundenorientierung, Vertrauen, Konsequenz und Wertschätzung beherzigt und ein zum Unternehmen und seiner Kultur passender Weg gefunden, diesen vier Faktoren Rechnung zu tragen, steht dem Erfolg von KVP und damit dem operativen Erfolg des Unternehmens nichts mehr im Wege. Die Mitarbeiter werden dauerhaft motiviert sein, das Unternehmen konsequent in die richtige Richtung zu entwickeln.

Unternehmenserfolg durch zwei weitere Faktoren

Für den Unternehmenserfolg benötigt man meiner Erfahrung nach noch zwei weitere Faktoren, die im Idealfall bereits vor der Einführung von KVP gegeben sind, spätestens aber parallel zu den operativen Verbesserungen in Angriff genommen werden sollten:[9]

Klare Marktstrategie

1. Eine klare Marktstrategie, der Frage folgend: Mit welchen Produkten wollen wir bei welchem Innovationsgrad auf welchen Märkten welche Marktanteile erzielen?

Passende Vertriebsstruktur

2. Eine zu der gewählten Strategie passende Vertriebsstruktur

Zusammenspiel aller Erfolgsfaktoren

Stellenwert von KVP

Gelangen dann aufbauend auf einer stimmigen Strategie und einer dazu passenden Vertriebsstruktur Aufträge ins Haus, gilt es eigentlich nur noch, diese so verschwendungsfrei wie möglich durchs Unternehmen und zum Kunden zu bringen und so Geld zu verdienen. Mit dieser Aussage wird deutlich, welchen Stellenwert KVP im Unternehmen einnehmen sollte. Allzu oft führt KVP jedoch eine Schattenexistenz – und das, obwohl es der Schlüssel zu operativem Erfolg ist. Damit KVP im Unternehmen eine Chance hat, sein Potenzial zu entfalten und zur Kultur entwickelt zu werden, muss es meiner Erfahrung nach beim Vorsitzenden der Geschäftsführung angehängt sein und von diesem aktiv und wiederkehrend unterstützt werden. Hat man als KVP'ler keinen direkten Zugang zum Vorsitzenden der Geschäftsleitung, wird

---

9 Auch für die nachfolgenden zwei Themen kann man mit (KVP-)Workshops zu guten Ergebnissen gelangen.

man sich wiederkehrend in (überflüssigen) politischen Aktivitäten wiederfinden und obendrein oft auch noch mit suboptimalen KVP-Ergebnissen zufrieden geben müssen, denn das Zusammenspiel von Kundenorientierung, Vertrauen, Konsequenz und Wertschätzung weist unter diesen Rahmenbedingungen meist Mängel auf. Wenn Sie, lieber Leser, liebe Leserin, darin die Situation in Ihrem Unternehmen wiedererkennen und Ihr Ansprechpartner in der Geschäftsleitung jemand ist, mit dem man über eine Verbesserung von Rahmenbedingungen für KVP reden kann, dann suchen Sie das Gespräch; der Kunde, die Belegschaft und der Investor/Eigentümer werden es Ihnen danken.

5.6   Kosten einsparen – Standorte verlagern: Eine Perspektive mit Zukunft?

Standortverlagerung möglicherweise erfolgsgefährdend

Viele Unternehmenslenker schauen auf ihre Kosten und kommen zu dem Schluss, dass es vorteilhaft wäre, den einen oder anderen Standort oder zumindest die Produktionsbereiche in ein Land mit niedrigen Lohnkosten zu verlagern. Aus der Perspektive der Kostenentwicklung mag dies als gute Überlegung erscheinen. Die Perspektive der Arbeitsprozesse führt jedoch zu dem Schluss, dass die Verlagerung von Arbeit in Billiglohnländer die Marktstellung eines Unternehmens nachhaltig gefährden kann. Leiten wir uns diese Schlussfolgerung Schritt für Schritt her:

Beginn des Prozessdenkens unter Taylor

Um uns bezüglich der Prozessperspektive ein ganzheitliches Bild zu verschaffen, beginnen wir unsere Betrachtung in den 20er Jahren des vergangenen Jahrhunderts: Mit dem so genannten Taylorismus und dem sich daran anschließenden Fordismus gab es erste Schritte in Richtung strukturierter Arbeitsabläufe. In den meisten Unternehmen waren die Prozesse zu dieser Zeit jedoch noch völlig unstrukturiert und nicht entwickelt. Entsprechend niedrig war der Qualifikationsanspruch an die meisten Werktätigen, deren Gehälter tendenziell niedrig waren.

Ab den späten 40er Jahren änderte sich dies dann stetig. Mit dem Wunsch nach Effizienzsteigerungen wurden Arbeitsbedingungen und Abläufe zunehmend ins Visier genommen. Zunächst hatte dies noch Experimentiercharakter, beispielsweise mit den Experimenten von Hawthorne. In den 60er Jahren bis hin zur Jahrtausendwende kam es dann schrittweise in allen

Branchen zu systematischer Prozessverbesserung. Dabei jagte eine Methoden-Mode die andere. War es beispielsweise Mitte der 80er Jahre „chic" Business-Process-Reengineering zu betreiben, so musste man Ende der 90er Jahre Six-Sigma-Projekte vorweisen können und bald auch ein erstes Wertstromdesign durchgeführt haben. Durch die stetige Weiterentwicklung der Abläufe stiegen vielerorts die Qualifikationsanforderungen an die Mitarbeiter, die in den mittlerweile gut entwickelten Arbeitsprozessen tätig waren. Und so stiegen stetig auch die Personalkosten.

Heute wird in guten Unternehmen nicht nur systematisch an der Verbesserung der Arbeitsabläufe gearbeitet, sondern systemisch. Das heißt, dass in diesen Unternehmen nicht einzelne Prozesse zur Verbesserung ausgeguckt werden, sondern dass das gesamte Handlungssystem stetig weiterentwickelt und den sich ändernden Erfordernissen angepasst wird. In solchen Unternehmen gibt es sozusagen eine „Kultur" der kontinuierlichen Verbesserung – und kaum noch einfache Tätigkeiten, die ohne gute Qualifikation ausgeführt werden können. Entsprechend hoch ist das Lohn- und Gehaltsniveau in solchen Unternehmen.

Damit sind gute 80 Jahre industrieller Prozess-Evolution skizziert. In diesem Zeitraum lag der Fokus stets darauf, die Prozesse weiter zu entwickeln und die damit verbundenen Wettbewerbsvorteile immer weiter auszubauen. Nun jedoch wird zunehmend auf das Thema Kosten geschaut. Mit dem Ziel, Kosten zu senken, verlagern einige Unternehmen ganze Standorte ins Ausland – und werfen damit nicht selten leichtfertig viele Jahre Prozess-Evolution über Bord.

*Offensicht-
lich kann man
Prozesse nicht
einfach so „mit-
nehmen"*

Zwar möchte man im Zuge solcher Verlagerungen stets das Prozess-Know-how „mitnehmen", das in gut 80 Jahren aufgebaut wurde und zugegebenermaßen ist es reizvoll, den Know-how-Transfer zu versuchen. Aber immer wieder bestätigen Unternehmer auf Anfrage, dass es nicht funktioniert hat. Aller Erfahrung nach ist der Versuch, Prozess-Know-how zu transferieren, nicht oder nur mit erheblichen Verlusten möglich. Die Gründe dafür sind vielschichtig. Das niedrige Qualifikationsniveau im Zielland ist sicher der Hauptgrund. Hinzu kommen aber noch weitere

Faktoren, wie beispielsweise interkulturelle Barrieren, die nicht selten unterschätzt werden.

Mit wem möchten wir konkurrieren?

Dies sollte Unternehmer, die mit einer Standortverlagerung liebäugeln, zu der Frage führen, mit wem sie konkurrieren möchten und auf welchen Wettbewerbsvorteil sie sich entsprechend konzentrieren wollen?

Kostenführerschaft

Möchten Sie kostengünstig sein? Dann konkurrieren Sie mit den Marktteilnehmern, die in gering entwickelten Volkswirtschaften angesiedelt sind und über vergleichsweise wenig Prozess-Know-how verfügen – oder dies zumindest nicht in der Breite umsetzen können, weil die Mitarbeiter nicht in der Breite entsprechend qualifiziert sind. Dieses Wettbewerbssegment zeichnet sich zwar durch ein erfreulich geringes Kostenniveau aus, jedoch auch durch qualitätsärmere Produkte, vergleichsweise lange Lieferzeiten und niedrige Verkaufspreise.

Qualitäts- und Prozessführerschaft

Oder wollen Sie – dem entgegengesetzt – versuchen, die Qualitäts- und Prozessführerschaft zu übernehmen? Dann müssen Sie in gut ausgebildetes Personal investieren, das diesem Ziel und den daraus erwachsenden Ansprüchen gerecht werden kann. Jetzt kann Ihr Standort nur in einer entwickelten Volkswirtschaft liegen.

Rahmenbedingung: Jede Volkswirtschaft entwickelt sich

Auf dem Weg zu einer Entscheidung zwischen diesen beiden hier polarisierend dargestellten Möglichkeiten, ist zu berücksichtigen, dass sich jede Volkswirtschaft schrittweise entwickelt. Mit jedem Schritt, den die Arbeitsprozesse entsprechend besser werden, steigt das benötigte Qualifikationsniveau für den nächsten Schritt und damit auch die Personalkosten – auch in Ländern, die heute „Billiglohnländer" heißen. In Osteuropa können wir dazu bereits heute den Wandel beobachten, der sich in einigen Jahren auch in China und Indien vollziehen wird, oder sogar bereits in ersten Schritten vollzieht.

Schlussfolgerungen

Daraus können zwei Schlüsse gezogen werden: Erstens muss ein Unternehmer, der sich schwerpunktmäßig an Kosten orientiert, nicht nur Qualitäts- und Prozessprobleme in Kauf nehmen, sondern er muss darüber hinaus im Verlauf der Jahre mehrfach den Standort wechseln, um steigendem Einkommensniveau wiederkehrend auszuweichen und so sein niedriges Kostenniveau halten bzw. seine Kostenführerschaft behaupten zu können. Langfristig gesehen sind die Möglichkeiten jedoch endlich, die Produktion immer wieder in ein Land mit geringeren Lohnkosten umzusiedeln, denn die Welt ist begrenzt. So bleibt als Potenzial zur Steigerung der Wettbewerbsfähigkeit am Ende nur die Weiterentwicklung der Arbeitsabläufe.

Prozessführer-
schaft ausbauen

Dies vor Augen ist zweitens die Frage zu stellen, ob uns die Erkenntnis, dass sich schrittweise alle Unternehmen weltweit prozess- und damit personalkostenmäßig entwickeln werden, nicht dazu führen sollte, dass wir die Wettbewerbsvorteile, die wir uns in über 80 Jahren Prozess-Evolution geschaffen haben, weiter ausbauen, um so die Prozessführerschaft zu halten bzw. auszubauen, anstatt sie zugunsten der wenig zukunftsträchtigen Kostenorientierung aufzugeben?

5.7 KVP und Moderation zur Vermeidung einer erneuten „französischen Revolution"?

Ein Vergleich

Zum Abschluss möchte ich die Situation in Unternehmen mit einem bedeutungsvollen Geschichtsabschnitt vergleichen: Montesquieu erklärte in seinen „Persischen Briefen", dass Gesetze zu dem Volk, für das sie bestimmt sind, passen müssen. Er verglich die seinerzeit fortschrittlichen gesellschaftlichen Veränderungen in England mit den Widerständen gegen entsprechende Impulse im damals aristokratisch geprägten Frankreich. Übertragen auf Situationen in Unternehmen bedeutet dies, dass alle Regeln im Unternehmen (in diesem Sinne: die „Gesetze" des Unternehmens) zu dem Markt passen müssen, in dem sich das Unternehmen bewegt.

Wie das Volk während der französischen Revolution mit der Aristokratie umgegangen ist, weil diese dem Volk keine zu ihm passenden Gesetze bescheren wollte, ist hinreichend bekannt. Für unser Unternehmen möchten wir vermeiden, dass der Markt mit uns genauso umgeht, weil wir es versäumen, uns an die Wünsche und Forderungen der Kunden anzupassen.

So muss es uns gelingen, die Regeln und damit auch die Abläufe im Unternehmen systematisch auf unsere Kunden auszurichten

– und in angemessenen zeitlichen Abständen den Status Quo immer wieder zu hinterfragen. KVP ist dafür ein guter Weg, gute Moderation auf diesem Weg ein Schlüsselfaktor.

Viel Erfolg!

6 Weiterführende Literatur

Elhardt, Siegfried. *Tiefenpsychologie: Eine Einführung*. Stuttgart: 2005.

Fast, Julius. *Körpersprache*. Reinbek bei Hamburg: 1993.

Freud, Sigmund. *Vorlesungen zur Einführung in die Psychoanalyse - Und Neue Folge*. Frankfurt: 1989.

Glahn, Richard. *Kommunikation im globalen Geschäftsleben: Selbst- und Fremdbilder als Quellen interkultureller Missverständnisse, als Basis für die Ermittlung von Handlungsbedarf und als Chancen für Wettbewerbsvorteile*. Frankfurt: 2005.

Glahn, Richard. *World Class Processes: Rendite steigern durch innovatives Verbesserungsmanagement – oder wie Sie gemeinsam mit Ihren Mitarbeitern betriebliche Prozesse auf Weltklasseniveau erreichen*. Ansbach: 2007.

Glahn, Richard. *Effiziente Büros – Effiziente Produktion: In drei Schritten zu exzellenten Abläufen im gesamten Unternehmen. Antworten auf die wichtigsten Fragen zum nachhaltigen Erfolg*. Ansbach: 2018.

Glahn, Richard. *In Führung gehen – in Führung bleiben: Wirksames Führungsverhalten für Frauen und Männer*. Norderstedt: 2012.

Goldratt, Eliyahu; Cox, Jeff. *The Goal: Excellence in Manufacturing*. Great Barrington, Massachusetts: 2004.

Gruen, Arno. *Der Wahnsinn der Normalität: Realismus als Krankheit - Eine grundlegende Theorie zur menschlichen Destruktivität*. München: 1994.

Hofstätter, Peter. *Gruppendynamik: Kritik der Massenpsychologie*. Reinbek bei Hamburg: 1993.

Kernberg, Otto. *Borderline-Störungen und pathologischer Narzissmus*. Frankfurt: 1995.

March, James. *Entscheidung und Organisation: Kritische und konstruktive Beiträge, Entwicklungen und Perspektiven*. Wiesbaden: 1990.

Mertens, Wolfgang. *Einführung in die psychoanalytische Therapie: Band 1, 2 und 3*. Stuttgart: 2000, 2003, 2007.

Molcho, Samy. *Körpersprache*. München: 1983.

Riemann, Fritz. *Grundformen der Angst: Eine tiefenpsychologische Studie*. München: 2002.

Schulz von Thun, Friedemann. *Miteinander Reden I: Störungen und Klärungen, Allgemeine Psychologie der Kommunikation*. Reinbek bei Hamburg: 1993.

Seifert, Josef W. *Visualisieren, Moderieren, Präsentieren*. Offenbach: 2009.

Seifert, Josef W. *Moderation und Kommunikation: Gruppendynamik und Konfliktmanagement in moderierten Gruppen*. Offenbach: 1999.

Sieland, Bernhard. *Klinische Psychologie I: Grundlagen; Klinische Psychologie II: Intervention*. Stuttgart: 1994, 1996.

Ulich, Eberhard. *Arbeitspsychologie*. Stuttgart: 1994.

Weitere Bücher aus der Reihe „Operational Excellence"

**„Total Productive Management. Grundlagen und Einführung von TPM - oder wie Sie Operational Excellence erreichen"
von Constantin May und Peter Schimek**

Kann man die Produktivität eines Unternehmens um 30% oder gar 50% steigern? Kann es gelingen, die Gesamtanlagen-Effektivität bzw. OEE eines herstellenden Betriebes von 60% auf über 80% nachhaltig zu erhöhen? Ist es möglich Geschäftsprozesse im Sinne des Kunden zeitlich derart zu verkürzen, dass deutlich bessere und schnellere Kundenbetreuung möglich wird? Sind Wertschöpfungs-Steigerungen von 50% und mehr reine Utopie? Kann es gelingen, dass Mitarbeiter sich voll mit den Zielen des Unternehmens identifizieren und mit Stolz und Überzeugung ihr gesamtes Wissen und Können zum Wohle des Unternehmens einsetzen?

Das sind einige der Fragen, auf die dieses praxisorientierte Buch versucht, Antworten zu geben. Ziel ist es, Fach- und Führungskräften sowie Studierenden die Grundlagen des Total Productive Management zu vermitteln und den interessierten Leser mit dem umfangreichen Gedankengut von TPM vertraut zu machen. Nach Abschluss der Lektüre kennt der Leser die grundlegenden und die weiterführenden Bausteine von TPM. Er hat eine Übersicht über die wichtigsten TPM-Werkzeuge und weiß, in welchen Schritten TPM in einem Unternehmen oder einer Organisation eingeführt werden sollte.

*3., korrigierte Auflage, Herrieden 2015
ISBN: 9-783940-775-05-4, EUR 29,95*

„SMED. Die Erfolgsmethode für schnelles Rüsten und Umstellen" von Bert Teeuwen und Alexander Grombach

Umrüsten oder Umstellen wird häufig als lästiges Übel empfunden. Dabei liegt gerade darin der Schlüssel für eine flexible Produktion. Große Serien sind selten so vorteilhaft, wie es auf den ersten Blick erscheinen mag. Denn sie sind der Auslöser für hohe Lagerbestände und lange Durchlaufzeiten.
Schnelles Umrüsten bzw. Umstellen ist Thema dieses Buches. Mit SMED stellen die Autoren eine bewährte Methode vor, mit der es gelingt, Umstellzeiten drastisch zu reduzieren. Dabei stehen weder Kosteneinsparungen noch eine höhere Maschinenauslastung im Vordergrund. Optimierungen beim Rüstvorgang werden genutzt, um häufiger zu rüsten, kleinere Losgrößen zu fertigen und dadurch letztlich die Bestände zu senken. Die Autoren sprechen bewusst nicht von „Umrüsten" sondern von „Umstellen". Denn auch in Bereichen außerhalb der Produktion hilft SMED, Umstellzeiten zu verkürzen, beispielsweise bei der Vorbereitung eines Operationssaals für die nächste Operation.
Mit SMED kommen Organisationen dem Ziel näher, auf Kundenwünsche schnell reagieren zu können und dabei wirtschaftlich zu bleiben. Zahlreiche Beispiele aus der Praxis illustrieren die Vorgehensweise. Damit ist dieses Werk sowohl für Praktiker als auch für Studierende von Nutzen.

2., überarbeitete Auflage, Herrieden 2015
ISBN: 9-783940-775-11-5, EUR 29,95

„World Class Processes. Rendite steigern durch innovatives Verbesserungsmanagement – oder wie Sie gemeinsam mit Ihren Mitarbeitern betriebliche Prozesse auf Weltklassenniveau erreichen" von Richard Glahn

In nur fünf Jahren die Rendite von knapp drei Prozent auf einen guten zweistelligen Prozentsatz steigern – Fiktion oder Wirklichkeit? Als Leiter des Bereichs „Inhouse-Consulting" hat der Verfasser des vorliegenden Buchs einen Veränderungsprozess geleitet, der zu diesem Ergebnis geführt hat. Mit den Darstellungen in diesem Buch wird die Vorgehensweise für jedes Unternehmen umsetzbar.
Dargestellt wird eine unkomplizierte Vorgehensweise, die sich auf ein 3-Level-Modell stützt. Dieses Modell bildet den konzeptionellen Rahmen für ein Verbesserungsmanagement, das sich durch Vertrauen in die Fähigkeiten und Erfahrungen der Mitarbeiter auszeichnet. Es wird deutlich, wie Mitarbeiter bereitwillig Verantwortung für die Verbesserung von Arbeitsabläufen übernehmen und so das Unternehmen zu außergewöhnlichem Erfolg führen.

2. durchgesehene Auflage, Ansbach 2010
ISBN: 9-783940-775-03-0, EUR 29,95

„OEE für das Produktionsteam. Das vollständige OEE-Benutzerhandbuch" von Arno Koch

Ihr Maschinenpark ist möglicherweise doppelt so groß, als sie vermuten. Neben jeder Maschine steht nämlich oft noch eine ‚verborgene' Maschine. Die Kunst besteht darin, diese verborgenen Kapazitäten zu erkennen, sichtbar zu machen und zu nutzen. Dieses Buch liefert Ihnen den Schlüssel um die verborgenen Maschine zu entdecken:
Overall Equipment Effectiveness (OEE) oder zu Deutsch Gesamtanlageneffektivität (GEFF). Das ursprünglich aus Japan kommende Instrument OEE macht Produktionsverluste sichtbar, so dass diese durch Optimierungsstrategien wie TPM (Total Productive Management), Lean Production oder Six Sigma beseitigt werden können.

3., korrigierte Auflage, Herrieden 2016
ISBN: 9-783940-775-04-7, EUR 39,95

„Effiziente Büros – Effiziente Produktion. In drei Schritten zu exzellenten Abläufen im gesamten Unternehmen. Antworten auf die wichtigsten Fragen zum nachhaltigen Erfolg" von Richard Glahn

Viele betriebliche Verbesserungsprozesse verebben oder werden bewusst wegen Misserfolgs abgebrochen. Was aber macht einen erfolgreichen Optimierungsprozess aus und wie wird er im Unternehmen nachhaltig verankert? Antworten darauf zu geben ist Aufgabe dieses Buches. Es wird dargestellt, wie man mit dem Einsatz von Kaizen-Methoden und ohne den Einsatz von zusätzlichem Personal in allen Büro- und Produktionsbereichen eines Unternehmens zu effizienten Abläufen gelangt. Angesprochen sind hierbei in erster Linie Führungs- und Fachkräfte, die ein betriebliches Verbesserungssystem wie Kaizen, TPM, Lean oder Six-Sigma verankern wollen.

Ausgehend von konzeptionellen Grundlagen wird ein dreigliedriges Verbesserungsprogramm dargestellt, durch dessen Einsatz schrittweise alle Handlungsebenen im Unternehmen für das Thema Verbesserung erschlossen werden: die Arbeitsplätze, die Arbeitsgruppen und gesamte Geschäftsprozesse.

Im Hauptteil des Buches werden schließlich 55 Fragen rund um den Aufbau und die Einführung des dargestellten Verbesserungsprogramms besprochen. Mit der Beantwortung dieser Fragen wird auch deutlich, wie die Vorgehensweise in Industrie- und Dienstleistungsunternehmen unterschiedlicher Größe und Komplexität umsetzbar ist.

3., unveränderte Auflage, Herrieden 2018
ISBN: 9-783940-775-06-1, EUR 29,95

„5S. Die Erfolgsmethode zur Arbeitsplatzorganisation"
von Bert Teeuwen und Christoph Schaller

Arbeitsplätze können wie eine Rumpelkammer oder wie ein
Supermarkt organisiert sein. In einer Rumpelkammer kennt sich
allein der Besitzer aus. Ein Supermarkt hingegen ist so eingerichtet, dass sich jeder auf Anhieb zurechtfindet.
Wo fühlen sich Menschen wohler? Wo kann produktiver gearbeitet werden? In welchem Umfeld passieren weniger Fehler? Unter
welchen Arbeitsbedingungen ist unfallfreies Arbeiten möglich?
In einer Rumpelkammer oder einem gut organisierten Supermarkt? Diese Frage beantwortet sich von selbst. Das Problem
ist nur: Wie erreicht man eine Arbeitsplatzorganisation wie im
Supermarkt und wie kann dieser Zustand bewahrt werden?
Die Lösung heißt 5S.
5S ist eine millionenfach bewährte Verbesserungsmethodik mit
dem Ziel der nachhaltig verschwendungsfreien Arbeitsplatz-
gestaltung. In diesem Buch wird die 5S-Methode von Grund
auf für jeden verständlich mit vielen Beispielen erklärt. Darüber
hinaus finden sich zahlreiche Hinweise, wie erreichte Verbesserungen gehalten werden können. Ergänzt wird das Werk durch
anschauliche Praxistipps und Anregungen für die erfolgreiche
Einführung von 5S in Produktions- und Büroumgebungen.

4., unveränderte Auflage, Herrieden 2018
ISBN 9-783940-775-08-5, EUR 29,95